Nachdem Dionysios Solomos im vorigen Jahrhundert die damalige Volkssprache der Griechen als Literatursprache eingeführt hatte – das Geschehen war zu vergleichen mit der Etablierung des Italienischen durch Dante –, ist eine neugriechische Literatur entstanden, die inzwischen bedeutende Beiträge zur Weltliteratur leistet. – Dieses Buch mit je einer Geschichte von zehn neu-griechischen Erzählern dieses Jahrhunderts ist interessant für Literatur-Leser, die eine ihnen noch neue literarische Provinz erkunden möchten; für Touristen, die feiner gewobene Informationen über Land und Leute suchen als der Reiseführer sie öffnet; vor allem aber für Neugriechisch-Lernende: Sofern sie über die Anfangsgründe hinaus sind, bietet ihnen dieses zweisprachige Lesebuch einen wunderbar bequemen Zugang zu den Meistern.

dtv zweisprachig · Edition Langewiesche-Brandt

Νεοελληνικά Διηγήματα

Neugriechische Erzählungen

Auswahl und Übersetzung von
Efrossini Kalkasina-Korn und Elisabeth Weiler

dtv

Deutscher Taschenbuch Verlag

April 1988. Originalausgabe
Copyright-Nachweise Seite 155 ff.
Umschlaggestaltung: Celestino Piatti
Gesamtherstellung: Kösel, Kempten
Printed in Germany · ISBN 3-423-09248-3

Με το μπρίκι του καπετάν Φαράση αρμένιζα μισοκάναλα εκείνη τη νύχτα. Σπάνια νύχτα! πρώτη και τελευταία θαρρώ στη ζωή μου. Τι είχαμε φορτωμένο; Τι άλλο από σιτάρι. Πού πηγαίναμε; Πού αλλού από τον Πειραιά. Πράματα και τα δυό που τα έκαμα το λιγώτερο είκοσι φορές. Μα εκείνη τη βραδυά ένιωθα τέτοιο πλάκωμα στην ψυχή, που κιντύνευα να λιγοθυμήσω. Δεν ξέρω τι μου έφταιγε· θες η γαληνεμένη θάλασσα, θες ο ξάστερος ουρανός, θες το τσουχτερό λιοπύρι· δεν μπορώ να ειπώ. Μα είχα τόσο βαρειά την ψυχή, ήβρεσκα τόσο σαχλοπλημμυρισμένη τη ζωή, που αν με άρπαζε κανείς να με ρίξη στο νερό, «όχι!» δε θά 'λεγα.

Ο ήλιος ήταν ώρα βασιλεμένος. Τα χρυσοπόρφυρα συγνεφάκια, που συντρόφευαν το βασίλεμά του, σκάλωσαν κάπου μαύρα σαν μεγάλες καπνιές. Ο Αποσπερίτης έλαμψε κρυσταλλόχιονο μέσα στα σκούρα. Φάνηκαν ψηλά οι αστερισμοί ένας κ' ένας. Τα νερά κάτω πήραν εκείνο το λευκοσκότεινο χρώμα, το κρύο και λαχταριστό του ατσαλιού. Το ναυτόπουλο άναψε τα φανάρια· ο καπετάνιος κατέβηκε να κοιμηθή· ο Μπούλμπερης έκατσε στο τιμόνι. Ο Μπραχάμης, ο σκύλος μας, κουλουριάστηκε στη ρίζα του αργάτη να ησυχάση και κείνος.

Εγώ ούτε να ησυχάσω μπορούσα. Ούτε ύπνο ούτε ξύπνο. Δοκίμασα να πιάσω κουβέντα με τον τιμονιέρη· μα είχε τόση ανοστιά, που έσβησε σαν φωτιά αναμμένη με χλωρόξυλα. Πήγα να παίξω με το Μπραχάμη· αλλά και κείνος τρύπωσε ακόμη περισσότερο το μουσούδι στα πόδια του και βαριεστισμένος γρίνιασε, σα να μου έλεγε: – Αφησέ με και δεν έχω την όρεξή σου! Τότε βαριεστισμένος και γώ πήγα και ξαπλώθηκα μπρούμυτα καταμεσίς κ' έκλεισα στη χούφτα τα μάτια μου. Ήθελα να μη βγέπω τίποτα, να μην αισθάνωμαι πως ζω. Και λίγο-λίγο

Andreas Karkavitsas: Die Gorgona

In jener Nacht segelte ich mit der Brigg des Kapitäns Farasis in der Mitte der Meerenge. Eine seltsame Nacht! Als wäre sie die erste und letzte meines Lebens! Was hatten wir geladen? Weizen – was sonst? Wohin fuhren wir? Nach Piräus – wohin sonst? Beides hatte ich schon mindestens zwanzigmal gemacht. Aber an jenem Abend empfand ich eine solche Beklemmung in der Seele, daß ich fast ohnmächtig wurde. Woran es lag, weiß ich nicht. Am ruhigen Meer? Am klaren Himmel? An der sengenden Sonnenglut? Ich kann es nicht sagen. So schwer war mir die Seele, so voller Schalheit schien mir das Leben, daß ich, hätte mich jemand gepackt, um mich ins Wasser zu werfen, nicht «Nein» gesagt hätte.

Die Sonne war jetzt untergegangen. Die Goldpurpurwolken, die ihr Untergehen begleitet hatten, stiegen irgendwo in die Höhe, schwarz wie große Rauchschwaden. Der Abendstern strahlte wie ein Eiskristall in der Dunkelheit. Hoch oben erschienen die Sternbilder, eines nach dem anderen. Unten nahm das Wasser seine dunkelweiße Farbe an, die kalte, kostbare Farbe des Stahls. Der Schiffsjunge zündete die Laternen an. Der Kapitän ging hinunter zum Schlafen. Bulberis übernahm das Steuer. Brachamis, unser Hund rollte sich am Fuß der Ankerwinde zusammen, um auszuruhen.

Nur ich konnte keine Ruhe finden. Weder im Schlaf noch im Wachen. Ich versuchte ein Gespräch mit dem Steuermann, aber es war so platt, daß es erlosch wie ein mit grünem Holz entfachtes Feuer. Ich wollte mit Brachamis spielen, aber er bohrte noch fester die Schnauze auf seine Pfoten, raunzte träge, als wollte er mir sagen: «Laß mich, ich habe keine Lust.» Also machte auch ich mich gelangweilt davon, legte mich in der Mitte des Decks nieder mit dem Gesicht am Boden und schloß die Augen in der Hand. Ich wollte nichts sehen, wollte nicht fühlen, daß ich lebe. Nach einer kleinen

σχεδόν το κατόρθωσα. Κάτι ελάχιστο, σαν θαμπό καντηλάκι, ένιωθα να ζη μέσα μου και γύρω το κορμί μου να σμίγη και να χωνεύη μέσα στ' αναίσθητα σανίδια της κουβέρτας.

Πόσο έμεινα έτσι, δεν ξέρω. Τι μου ήρθε στο νου κι αν μου ήρθε τίποτα, δε θυμούμαι. Άξαφνα όμως άρχισα ν' ανατριχιάζω· σαν κάποιος μαγνήτης να ερέθιζε τα νεύρα μου, όπως η υγρασία αναγκάζει τα πουλιά στο φλυάρισμα. Κ' ευθύς πορφυρό κύμα χύθηκε απάνω μου. Πίστεψα πως κολυμπούσα στα αίματα. Και όπως ο κοιμάμενος σε σκοτεινό δωμάτιο αυτόματα ξυπνά στο λαμπρό φως της ημέρας, και γώ άνοιξα τα μάτια μου. Τ' άνοιξα ή τά 'κλεισα δε θυμούμαι. Θυμούμαι μόνο πως έμεινα ακίνητος. Πρώτη μου σκέψη ήταν πως ξύπνησα στο στομάχι κάποιου ψαριού, που ρούφηξε το καράβι μας. Και όμως δεν ήταν στομάχι ψαριού. Ήταν ο ουρανός ψηλά και κάτω η θάλασσα. Μα όλα, ψηλά και χαμηλά, στρωμένα ήταν με ρούχο κατακόκκινο, κυματιστό, που έβαφε με αβρό φεγγοβόλημα ως και το σωτρόπι της σκάφης μας. Κάπου στα πέρατα της γης πυρκαγιά τίναζε τη λαμπάδα της ψηλά κ' έρριχνε φοβερούς αποκλαμούς περαδώθε. Μα πού το κάμα και πού η αθάλη της; Και τα δυό έλειπαν.

Κάτω στα βάθη του βοριά κάποιο μενεξεδένιο σύγνεφο άπλωσε και τύλιξε γαλαζόχρωμα τ' αστέρια, τα έκρυψε κάτω από το πυκνό μαγνάδι του. Και παραπάνω τόξο απλώθηκε λευκοκίτρινο κ' έχυσε μεσούρανα ποτάμια σκοτεινά και ποτάμια πράσινα, χρυσορόδινα και γλαυκά, λες και ήθελε να βάψη το στερέωμα. Και το τόξο, κινητό σαν ανεμόδαρτο παραπέτασμα, κουνούσε τα κρόσσια εμπρός, άπλωνε τις αραχνοΰφαντες δαντέλλες του και πρόβαινε, όπως η πλημμύρα προβαίνει και σκεπάζει με αφρούς και γλώσσες την αμμουδιά. Τ' αέρινα ποτάμια έτρεχαν γοργά και φούσκωναν και κυλούσαν πάντα σκοτεινά ή πράσινα, χρυσορόδινα ή γλαυκά, και σκόρπι-

Weile gelang es mir fast. Ein winziges Etwas, wie ein trübes Öllämpchen, spürte ich in mir leben und sich rings um meinen Körper herum mit den fühllosen Brettern des Decks vereinigen.

Wie lange ich so blieb, weiß ich nicht. Was mir in den Sinn kam und ob mir etwas in den Sinn kam – ich erinnere mich nicht. Aber plötzlich begann ich zu schaudern, als habe irgendein Magnet meine Nerven gereizt, so wie die Nässe die Vögel zum Zwitschern zwingt. Geradezu eine Purpurwoge ergoß sich über mich. Ich glaubte im Blut zu schwimmen. Wie im abgedunkelten Zimmer ein Schläfer von selbst erwacht beim hellen Tageslicht, so öffnete ich die Augen. Ich öffnete sie oder schloß sie, ich weiß nicht mehr. Ich weiß nur noch, daß ich regungslos verharrte. Mein erster Gedanke war, daß ich im Bauch eines Fisches, der unser Schiff verschlungen hatte, aufgewacht sei. Es war aber kein Fisch. Oben war der Himmel und unten das Meer. Alles aber, in der Höhe und in der Tiefe, war bedeckt mit einem roten flatternden Gewand, welches sogar das Innerste des Schiffes mit zartem Glanz färbte. Irgendwo am Rand der Erde schleuderte ein Brand seine Fackel in die Höhe und warf gewaltige Feuerzungen hin und her. Aber wo waren Hitze und Rauch? Beide gab es nicht.

Vom tiefen Norden herauf breitete sich eine violette Wolke aus, verhüllte blaufarben die Sterne und verbarg sie hinter ihrem dichten Schleier. Weiter oben erstreckte sich ein weißgelber Bogen und goß mitten über den Himmel dunkle Ströme, grüne Ströme, goldrote und blaue, als wolle er das Firmament färben. Der Bogen, bewegt wie ein vom Wind gebauschter Vorhang, schwenkte die Fransen nach vorne, breitete seine spinnwebdünnen Spitzen aus und rückte vor, so wie die Flut vorrückt und mit Schaum und Zungen den Sandstrand bedeckt. Die Luftströme flossen rasch, schwollen an und rollten immerzu dunkel oder grün, goldrot oder blau, nach allen Seiten ihren Widerschein ver-

ζαν αντιφεγγίσματα ολούθε σαν ηλεκτρικού προβολές χοντρές και αδαπάνητες. Η θάλασσα ακίνητη αντανακλούσε τα τόσα χρώματα και φαίνονταν όλα ξαφνισμένα μέσα στην τόση λάμψη. Μα περισσότερο ξαφνισμένος ήμουν εγώ. Δεν ήξερα τι να κάμω και τι να συλλογιστώ. 'Εφτασε, είπα, του κόσμου η συντέλεια. Τέτοια όμως συντέλεια μπορούσε να ευχαριστήση τον καθένα. Η Γη βούλεται να πεθάνη μέσα στα ροδοκύματα! ...

'Αξαφνα ανατρόμαξα. Κάτω βαθιά, μέσ' από το μενεξεδένιο σύγνεφο, είδα να προβαίνη ίσκιος πελώριος. Η χοντρή κορμοστασιά, το πυργογύριστο κεφάλι του φάνταζαν Αγιονόρος. Τα δυό του μάτια γύριζαν φωτεινούς κύκλους κ' έβλεπαν περήφανα τον Κόσμο πριν τον κλωτσήσουν στην καταστροφή. Νά τος, είπα, ο θεόσταλτος άγγελος, ο χαλαστής και σωτήρας! Τον έβλεπα κ' είχα σύγκρυο στην ψυχή. Από στιγμή σε στιγμή πρόσμενα σφυρί να πέση το φριχτό χτύπημα. Πάει τώρα η Γη με τους καρπούς, πάει κ' η θάλασσα με τα ξύλα της! Ούτε τραγούδια πλιό, ούτε ταξίδια, ούτε φιλιά!

Αλλά δεν άκουσα το χτύπημα. Ο ίσκιος πρόβαινε στα νερά με άλματα πύρινα. Κι όσο γρηγορώτερα πρόβαινε, τόσο μίκραινε η κορμοστασιά του. Και άξαφνα ο θεότρεμος ογκος χιλιόμορφη κόρη στάθηκε αντίκρυ μου. Διαμαντοστόλιστη κορώνα φορούσε στο κεφάλι και τα πλούσια μαλλιά γαλάζια χήτη άπλωναν στις πλάτες ως κάτω στα κύματα. Το πλατύ μέτωπο, τ' αμυγδαλωτά μάτια, τα χείλη της τα κοραλλένια ἔχυναν γύρα κάποια λάμψη αθανασίας και κάποια πηρηφάνεια βασιλική. Από τα κρυσταλλένια λαιμοτράχηλα κατέβαινε κ' έσφιγγε το κορμί ολόχρυσος θώρακας λεπιδωτός και πρόβαλλε στο αριστερό την ασπίδα κ' έπαιζε στο δεξί τη Μακεδονική σάρισα.

Δεν είχα συνέρθει από την απορία και φωνή γλυκειά, ήρεμη και μαλακή άκουσα να μου λέη:

– Ναύτη-καλεναύτη· ζη ο βασιλιάς Αλέξαντρος;

streuend, wie starke und unerschöpfliche elektrische Strahlungen. Das regungslose Meer spiegelte die Farbenfülle wider und schien ganz überrascht zu sein inmitten solchen Glanzes. Aber noch mehr überrascht war ich. Ich wußte nicht, was tun und was denken. Das Ende der Welt ist gekommen, so sagte ich mir. Aber ein Ende, das jedem Freude macht. Die Erde will in Rosenwellen sterben!...

Plötzlich erschrak ich. Tief unten aus der violetten Wolke sah ich einen riesigen Schatten hervortreten. Die massige Gestalt, das zinnenbewehrte Haupt erglänzten wie der heilige Berg Athos. Die beiden Augen drehten Feuerkreise und blickten stolz auf die Welt, bevor sie sie in den Untergang stoßen würden. Das ist er, sagte ich mir, der gottgesandte Engel, der Zerstörer und Retter! Ich sah ihn, und Frost schüttelte meine Seele. Von Augenblick zu Augenblick erwartete ich, daß ein entsetzlicher Hammerschlag niederfalle. Jetzt vergeht die Erde samt ihren Früchten, vergeht das Meer samt seinen Schiffen! Keine Lieder mehr, keine Reisen, keine Küsse!

Aber ich hörte den Schlag nicht. Mit Feuersprüngen rückte der Schatten auf dem Wasser vor. Je schneller er vorrückte, desto kleiner wurde seine Gestalt. Und plötzlich stand das schreckenerregende Ungeheuer als tausendschönes Mädchen vor mir. Sie trug eine diamantengeschmückte Krone auf dem Kopf, und die üppigen Haare breiteten sich wie eine blaue Mähne über die Schultern bis hinab auf die Meereswogen. Die breite Stirn, die Mandelaugen, die Korallenlippen verströmten Glanz der Unsterblichkeit und königlichen Stolz. Vom kristallenen Hals abwärts umschloß ein goldener Schuppenpanzer den Leib; die Linke hielt den Schild und die Rechte den makedonischen Speer.

Ich hatte mich von meinem Erstaunen noch nicht erholt, als ich eine süße, ruhige und weiche Stimme zu mir sagen hörte:

«Seemann, guter Seemann, lebt der König Alexander?»

Ο βασιλιάς Αλέξαντρος! ψιθύρισα με περισσότερη απορία. Πώς είνε δυνατό να ζη ο βασιλιάς Αλέξαντρος; Δεν ήξερα τι ρώτημα ήταν εκείνο και τι να της αποκριθώ, όταν η φωνή ξαναδευτέρωσε:

– Ναύτη-καλεναύτη· ζη ο βασιλιάς Αλέξαντρος;

– Τώρα, Κυρά μου! απάντησα χωρίς να σκεφτώ. Τώρα βασιλιάς Αλέξαντρος! Ούτε το χώμα του δε βρίσκεται στη γη.

Ωϊμέ! κακό που το 'παθα! Η χιλιόμορφη κόρη έγινε μεμιάς φοβερό σίχαμα. Κύκλωπας βγήκε από το κύμα κ' έδειξε λεπιοντυμένο το μισό κορμί. Ζωντανά φίδια τα μεταξόμαλλα σηκώθηκαν περαδώθε, έβγαλαν γλώσσες και κεντριά φαρμακερά κ' έχυσαν φοβεριστικό ανεμοφύσημα. Το θωρακωτό στήθος και το παρθενικό πρόσωπο άλλαξαν αμέσως, σα να ήταν η Μονοβύζω του παραμυθιού. Τώρα καλογνώρισα με ποιόν είχα να κάμω! Δεν ήταν ο Χάρος της Γης, ο χαλαστής και σωτήρας άγγελος. 'Ηταν η Γοργόνα, τ' Αλέξαντρου η αδερφή, που έκλεψε το αθάνατο νερό και γύριζε ζωντανή και παντοδύναμη. Η Δόξα ήταν του μεγάλου κοσμοκράτορα, αγέραστη κ' αιώνια σε στεριά και θάλασσα. Και μόνο για Κείνης τον ερχομό έχυσε ο Πόλος το Σέλας του, να στρώση τον αθέρα με της πορφύρας το χρώμα. Δε ρωτούσε βέβαια για το φθαρτό σώμα, αλλά για τη μνήμη του αφέντη της. Και τώρα στην άκριτή μου απόκριση μανιασμένη έρριξε το χέρι, ένα δασοτριχωμένο και βαρύ χέρι στην κουπαστή, έπαιξε ζερβόδεξα την ουρά της κ' έδειξε Ωκεανό τον μαλακό Πόντο.

– 'Οχι, Κυρά, ψέματα! ... τρανοφώναξα με λυμένα γόνατα.

Εκείνη με κοίταξε αυστηρά και με φωνή τρεμάμενη ξαναρώτησε:

– Ναύτη-καλεναύτη· ζη ο βασιλιάς Αλέξαντρος;

– Ζη και βασιλεύει· απάντησα ευθύς. Ζη και βασιλεύει και τον κόσμο κυριεύει.

«Der König Alexander?» flüsterte ich mit noch größerem Erstaunen. Wie wäre es möglich, daß der König Alexander lebt? Ich wußte nicht, was diese Frage bedeuten und was ich darauf antworten sollte, als die Stimme wiederholte:

«Seemann, guter Seemann, lebt der König Alexander?»

«Heutzutage, meine Herrin!» antwortete ich ohne zu denken. «Heutzutage der König Alexander! Nicht einmal seinen Staub gibt es noch auf Erden.»

Wehe! Welches Übel suchte mich heim! Das tausendschöne Mädchen wurde plötzlich zum furchtbaren Scheusal. Ein Kyklop ragte aus den Wellen und zeigte seinen schuppigen Oberkörper. Wie lebendige Schlangen richteten sich die Seidenhaare auf, streckten Zungen und Giftstacheln heraus und zischten unheimlich. Die gepanzerte Brust und das Jungfrauen-Antlitz verwandelten sich sofort, als wäre sie die Einbrüstige aus dem Märchen. Jetzt erkannte ich, mit wem ich es zu tun hatte. Es war nicht der Tod der Erde, nicht der Engel des Untergangs und der Rettung. Die Gorgona war es, Alexanders Schwester, die das Wasser der Unsterblichkeit gestohlen hatte und mächtig lebend umherzog. Sie war die Glorie des großen Weltbeherrschers, nicht alternd und ewig lebend, zu Wasser und zu Land. Ihrer Ankunft wegen hatte der Nordpol sein Licht ausgegossen und den Äther mit Purpur bedeckt. Gewiß fragte sie nicht nach dem verweslichen Leib, sondern nach dem Andenken ihres Herrn. Jetzt, nach meiner unbesonnenen Antwort, packte die Rasende mit ihrer dichtbehaarten, groben Hand, die Reling, schlug mit dem Schwanz nach rechts und links und machte das sanfte Meer zum Ozean.

«Nein, Herrin, Lügen!...» rief ich laut mit weichen Knien.

Sie blickte mich streng an, und mit bebender Stimme fragte sie mich noch einmal:

«Seemann, guter Seemann, lebt der König Alexander?»

«Er lebt und regiert», antwortete ich geradeheraus. «Er lebt und regiert und beherrscht die ganze Welt.»

Άκουσε τα λόγια μου καλά. Σα να χύθηκε αθάνατο νερό η φωνή μου στις φλέβες της, άλλαξε αμέσως το τέρας κ' έλαμψε παρθένα πάλι χιλιόμορφη. Σήκωσε το κρινάτο χέρι της από την κουπαστή, χαμογέλασε ροδόφυλλα σκορπώντας από τα χείλη της. Και άξαφνα στον ολοπόρφυρον αέρα χύθηκε τραγούδι πολεμικό, λες και γύριζε τώρα ο Μακεδονικός στρατός από τις χώρες του Γάγγη και του Ευφράτη.

Σήκωσα τα μάτια ψηλά και είδα τ' αέρινα ποτάμια, τα σκοτεινά και τα πράσινα, τα χρυσορόδινα και τα γλαυκά, να σμίγουν στον ουρανό και να κάνουν Στέμμα γιγάντιο. Ήταν κάμωμα του καιρού ή μην ήταν απόκριση στο ρώτημα της αθάνατης; Ποιός ξέρει. Μα σιγά-σιγά οι αχτίνες άρχισαν να θαμπώνουν και να σβήνουν μια με την άλλη, λες κ' έπαιρνε τα κάλλη μαζί της η Γοργόνα στην άβυσσο.

Τώρα ούτε Στέμμα ούτε Τόξο φαινόταν πουθενά. Κάπου-κάπου σκόρπια σύγνεφα έμεναν σταχτιά και κάτωχρα· και μέσα στην ψυχή μου θαμπή και ξέθωρη η πορφύρα της πατρίδας μου.

Με το μπρίκι του καπετάν Φαράση αρμένιζα μισοκάναλα εκείνη τη νύχτα.

Sie hörte meine Worte wohl. Als ergösse meine Stimme sich wie Wasser der Unsterblichkeit in ihre Adern, so verwandelte sich auf der Stelle das Ungeheuer und erstrahlte wieder als tausendschöne Jungfrau. Sie hob ihre Lilienhand von der Reling und lächelte, von ihren Lippen Rosenblätter streuend. Da ergoß sich in den purpurenen Himmel ein Kriegslied, wie wenn das makedonische Heer aus den Ländern des Ganges und Euphrat zurückkehrte.

Ich hob die Augen empor und sah die Luftströme, die dunklen und die grünen, die goldroten und die blauen sich am Himmel vermischen und eine gewaltige Krone bilden. War es ein Werk des Wetters oder nicht vielmehr die Antwort auf die Frage der Unsterblichen? Wer weiß es? Ganz langsam begannen die Strahlen zu verblassen und nach und nach zu verlöschen, als nähme die Gorgona die Schönheit mit sich in die Tiefe.

Weder Krone noch Bogen war jetzt irgendwo mehr zu sehen. Da und dort verstreute Wolken, aschfahl und geisterblaß, und in meiner Seele matt und ausgebleicht der Purpur meiner Heimat.

In jener Nacht segelte ich mit der Brigg des Kapitäns Farasis in der Mitte der Meerenge.

Τ' αγαπούσα τα ταξιδάκια από τα νιάτα μου. Έμπαινα στη βάρκα, έπαιρνα μαζί μου τα παραγάδια και τις απετονιές, κι αν ήθελα να ψαρέψω, ψάρευα. Α δε είχα όρεξη για ψάρεμα, και φυσούσε κι αγέρι, έστηνα την αντένα, άνοιγα το πανί, τραβούσα κατά το πέλαγο, άραζα όπου μ' έφερνε η τύχη στην αντικρινή την ακρογιαλιά, κι έβγαινα έξω να δω τίποτε καινούριο. Μια μέρα ο μπάτης μ' έβαλε στο Νεροχώρι. Πού είναι αυτό το Νεροχώρι, θα το μάθετε σαν πάτε να δήτε το Χλωρονήσι.

Σα βγήκα στη σκάλα, είπα, ας πάω ν' ανάψω κι ένα κερί στον Άι-Νικόλα, του χωριού τον Άγιο. Πηγαίνοντας τον ανήφορο, τι να δω! Ένα λείψανο! Τό 'βγαζαν από ένα σπιτάκι στην άκρη του χωριού, και το κουβαλούσανε στην εκκλησιά. Κακό σημάδι, είπα.

Δόξα να 'χει ο Θεός, ήτανε γριάς λείψανο. Μισοσήκωναν και τον κακόμοιρο το γέρο της από πίσω, γιατί δεν μπορούσε πια να περπατήσει κι αυτός. Ακολουθούσαν και μερικές άλλες γριές, και δύο τρείς άντρες. Έσμιξα μαζί τους και γώ.

Μπήκαμε στην εκκλησιά. Όμορφη διασκέδαση, έλεγα μέσα μου. Να 'βγεις για σεργιάνι και να καταντήσεις σε λείψανο! Και να γυρεύεις να κοιμηθείς ύστερα κι όλο να το βλέπεις μπροστά σου!

Άλλη εκκλησιά το χωριό δεν είχε από τον Άι-Νικόλα. Ήτανε μικρή, χαμηλή και θεοσκότεινη εκκλησιά. Πρέπει να ήταν ως εκατό χρονώ χτίριο. Μήτε κολόνες μέσα, μήτε τρούλλος από πάνω. Σκεπασμένη κι αυτή με δώμα, καθώς τα σπίτια.

Λίγα παραθυράκια, και στρωμένη με χώμα μοναχό. Τα καφάσια του γυναικωνίτη πυκνά πυκνά και κατάμαυρα, καθώς τα στασίδια. Το τέμπλο όμως, καρυδόξυλο καλοδουλεμένο, ανέβαινε ως κοντά στη στέγη.

Argyris Eftaliotis: Marinos Kontaras

Von Jugend auf liebte ich kleine Fahrten. Ins Boot steigen, Netze und Schnüre mitnehmen, fischen, wenn ich Lust hatte! Hatte ich keine Lust dazu und es wehte der Wind, brachte ich die Rah an, setzte Segel und fuhr hinaus aufs offene Meer; am gegenüberliegenden Ufer oder wohin mich der Zufall gerade trieb, legte ich an und ging an Land, um etwas Neues zu sehen. Eines Tages trug mich die Brise nach Neochori. Wo dieses Neochori liegt, erfahren Sie, wenn Sie nach Chloronissi kommen.

Beim Hinaustreten auf den Quai kam mir in den Sinn, dem heiligen Nikolaus, dem Heiligen des Dorfes, eine Kerze anzuzünden. Als ich die Anhöhe hinaufstieg – was mußte ich da sehen! Ein Leichenbegängnis! Aus einem kleinen Haus am Dorfrand brachten sie den Toten in die Kirche. Ein schlechtes Vorzeichen, sagte ich zu mir. Gott sei Dank war es die Leiche einer alten Frau. Ihren unglücklichen alten Mann mußte man halb aufrichten, denn er konnte nicht mehr gehen. Es folgten mehrere alte Frauen und zwei oder drei Männer. Ich mischte mich unter sie.

Wir traten in die Kirche. Ein schönes Vergnügen, sagte ich zu mir. Zu einem Spaziergang aufbrechen und in ein Begräbnis geraten! Und dann heimkehren und später im Schlaf noch einmal alles vor sich sehen!

Es gab im Dorf keine andere Kirche als die des heiligen Nikolaus. Es war eine kleine, niedrige, ganz dunkle Kirche. Ungefähr hundert Jahre alt muß das Gebäude gewesen sein. Weder Säulen innen noch eine Kuppel oben. Mit einem flachen Dach gedeckt, genau wie die Häuser. Wenige kleine Fensterchen, der Fußboden nackte Erde. Die Holzgitter auf der Frauenseite ganz eng und kohlrabenschwarz, ebenso das Gestühl. Die Ikonenwand dagegen, schön gearbeitet aus Nußbaumholz, reichte bis an die Decke. Dort sah man all

Εκεί έβλεπες το βιός. Το κόνισμα του 'Αι-Νικόλα είχε μεγαλύτερο μερίδιο κι από την Παναγιά. Η καντήλα του ήταν ένας θεόρατος βώλος ασήμι. Τα στεφάνια και τ' άλλα στολίδια του αμέτρητα. Τι καΐκια μαλαματοκαπνισμένα, τι χρυσές άγκουρες! 'Αλλο παρά το πρόσωπό του δεν έβλεπες από τ' ασήμι κι από το μάλαμα.

'Ωσπου να ρίξω μερικές ματιές γύρω μου, βάλανε στη μέση το λείψανο. Παύουνε μια στιγμή οι ψαλμωδίες και δεν άκουγες παρά το μικρό τρίξιμο των λαμπάδων και των κεριών. Κρύα στιγμή.

Σαν άρχισε ο παπάς την ακολουθία του, γύρισα να δω και τον γέρο. Παράξενος γέρος. 'Ετρεμε χεροπόδαρος και τόνε βαστούσανε, σα να ήτανε σηκωμένος από βαριά αρρώστια. Κίτρινος, αψηλός, όσο κι αν έσκυβε, φρύδια μεγάλα που έπεφταν απάνω στα μάτια του, χείλη ολότρεμα, κάτασπρα μαλλιά και μουστάκια – όμορφος γέρος, μα και τι χάλι!

Σε μισή ώρα βγήκαμε στο κοιμητήριο, στο πλάγι της εκκλησιάς. Ακόμα μερικές στιγμές, κι έπεφταν οι πρώτες φτυαριές μες στο λάκκο. Εδώ ο γέρος δε μπόρεσε να βαστάξει. 'Εγυρε απάνω στα χόρτα, μουρμούριξε κάτι, και πια δεν ξαναμίλησε. Του χύνουνε νερά, τον ανασηκώνουν, τίποτις. Τόνε φέρνουνε στο κελλί του παπά. Εκεί μισανοίγει τα μάτια του, ρίχτει μια ματιά στην εικόνα του 'Αι-Νικόλα, και μένει ολόξερος. Πέθανε ο γέρος.

Βγήκα έξω, τι να κάμω! Ξεκίνησα κατά τη σκάλα. Πρι να κατεβώ, το 'ξεραν όλοι πως πέθανε ο γερο-Μαρίνος Κοντάρας, από το κακό του, που έχασε την αγαπημένη του τη Λεμονή.

Παίρνω ένα σκαμνί και καθίζω κοντά στο γιαλό. Και κεί που έπινα το ναργελέ μου, έρχεται ο καπεταν-Θανάσης και με καλωσορίζει. Συχνά ήρχουνταν αντικρύ και μας έφερνε ψάρια, και τόνε γνώριζα. Τον κερνώ μια μαστίχα, γλυκάθηκε, και καλοκάθισε. Τό 'ξερα πως ένα

den Reichtum. Die Ikone des heiligen Nikolaus hatte daran größeren Anteil als selbst das Bild der Mutter Gottes. Die Öllampe vor der Ikone war ein riesiger Batzen Silber. Nicht zu zählen die Kränzchen und der sonstige Schmuck. Vergoldete Schiffchen, goldene Anker! Vor Gold und Silber sah man von dem Heiligen nur das Gesicht.

Während ich meine Blicke umherschweifen ließ, legte man den Leichnam in die Mitte. Für einen Augenblick setzte der Gesang aus, und man hörte nur das leise Knistern der Kerzen. Ein eisiger Augenblick. Als der Pfarrer mit der Totenliturgie begann, drehte ich mich nach dem alten Mann um. Ein sonderbarer Alter. Er zitterte an Händen und Füßen und wurde gestützt, als wäre er von schwerer Krankheit aufgestanden. Bleich, groß, obwohl gebeugt, buschige Brauen, die über die Augen fielen, zitternde Lippen, Haare und Schnurrbart schlohweiß – ein schöner Greis, aber welch ein Elend!

Nach einer halben Stunde zogen wir hinaus auf den Friedhof neben der Kirche. Nur noch wenige Augenblicke, und die ersten Schaufeln Erde wurden in die Grube geworfen. Da konnte es der alte Mann nicht mehr ertragen. Er sank im Gras zusammen, murmelte etwas – und dann sagte er nichts mehr. Man begoß ihn mit Wasser, richtete ihn auf – nichts. Man brachte ihn in die Kammer des Pfarrers. Da öffnete er halb die Augen, warf einen Blick auf das Bild des heiligen Nikolaus und erstarrte. Der alte Mann war gestorben.

Ich ging hinaus, was sollte ich tun? Ich begab mich zum Quai. Bevor ich unten ankam, wußten schon alle, daß der alte Marinos Kontaras gestorben war an seinem Schmerz, weil er seine geliebte Lemoni verloren hatte.

Ich nahm einen Hocker und setzte mich an den Strand. Während ich meine Wasserpfeife rauchte, kam Kapitän Thanasis und begrüßte mich. Ich kannte ihn, da er schon oft an gegenüberliegende Ufer gekommen war, um uns Fisch bringen. Ich lade ihn zu einem Mastixschnaps ein,

ποτήρι για τ' αυτόνα δεν ήταν τίποτις, του παράγγειλα κι άλλο, και τότες αρχίσανε να μιλούν οι πιωμένες μαστίχες, για να 'ρθούν κι άλλες.

Δεν τά 'φερνε στενά ποτές του από ομιλίες ο καπεταν-Θανάσης. Τώρα την αφορμή την είχε ακόμη πιο πρόχειρη – το γέρο Μαρίνο Κοντάρα, το Μοσκονησιώτικο το θαλασσοπούλι, που μια φορά τον τρόμαζε η Ανατολή – «ας τα πούμε από την αρχή» μου κάνει ο καπετάνιος, κι αρχινά:

– 'Ημουνα μωρό παιδί, μούτσος στην μπομπάρδα του καπεταν-Μανόλη, (Θεός συχωρέστονε), σαν ήρθε μια μέρα του Μαρίνου Κοντάρα το πέραμα. Θεός ξέρει πούθε τον κυνηγούσαν, και τρύπωσε δώ μέσα να κρυφτεί. 'Ολο μπλεγμένος βρίσκουνταν. Α δεν ήτανε για φονικό, ήτανε για κλεψιά. 'Ηρθε με πέντ' έξι χταπόδια, απλωμένα στη βάρκα του, και με μερικά στρείδια και αχινούς. Τάχατες για δουλειά ήρθε. Ανοικονόμητος άνθρωπος. Πάντα ματωμένος ήταν ο λάζος του, κάποτες και με το δικό του αίμα σα μεθούσε κι έκοβε τα ποντίκια του, να δείξει παλληκαριά. 'Ηταν όμως και παλληκάρι ο δαίμονας, κι όμορφο παλληκάρι.

Σαν άραξε η βάρκα του εκεί κάτω, βγαίνει όξω και τραβάει ίσια κατά τ' αμπέλι του Γληγόρη του Φυσέκη, πηδάει από τον τοίχο, γεμίζει την ποδιά του σταφύλια, και γυρίζει πίσω, σα να μην ήταν εκείνος. Βγαίνοντας, τον τσακώνει ο νοικοκύρης. Αυτός ήταν τότες ο παλληκαράς του χωριού μας, ένας τρομερός φωνακλάς. Πατάει λοιπόν τις φωνές, άμα είδε τον κλέφτη. Ο Κοντάρας γελάει, και κινάει κατά τη βάρκα του. Ο Φυσέκης τρέχει κατά ... ιυ, ακούν τις φωνές κι οι γειτόνοι και μα... ένας τους. Ο Μαρίνος τώρα κάθουνταν ... στη βάρκα κι έτρωγε τα σταφύλια με ... ; του. Οι δικοί μας άναψαν. Πετιένται ... ιαι κάνουνε να τον πιάσουν. Αυτός ση-

behagt und ihn das Weitergehen vergessen läßt. Da ich wußte, daß ein Gläschen für ihn nichts war, bestellte ich ein zweites, und dann begannen die geschluckten Mastixschnäpse nach weiteren zu rufen.

Noch nie war Kapitän Thanasis ums Geschichtenerzählen verlegen gewesen. Und heute gar, wo er einen solchen Anlaß hatte – den alten Marinos Kontaras, den Seebären von Moskonissi, den man vor Zeiten aus dem Osten verjagt hatte – «erzählen wir's von vorn», sagte der Kapitän und begann:

Ich war noch ein grüner Junge, Schiffsjunge auf der Bombarda des Kapitäns Manolis (Gott hab ihn selig), als eines Tages das Boot des Marinos Kontaras eintraf. Weiß Gott, von wo man ihn verfolgte; er verkroch sich hierher, um sich zu verstecken. Immer war er in Händel verstrickt. Wenn nicht wegen Totschlags, dann wegen Diebstahls. Als er ankam, hatte er fünf oder sechs Tintenfische, mehrere Austern und Seeigel auf seinem Kahn ausgebreitet. Als wollte er Geschäfte machen. Nicht zu bändigen war dieser Mensch. Sein Dolch immer blutig, manchmal auch von eigenem Blut, wenn er getrunken hatte und sich in die Muskeln schnitt, um seinen Heldenmut zu zeigen. Ein Held war er wirklich, dieser Teufel, und dazu ein prachtvolles Mannsbild.

Nachdem er dort unten sein Schiff festgemacht hat, geht er an Land, läuft geradewegs in den Weinberg des Gligoris Fisekis, springt über die Mauer, füllt seine Schürze mit Trauben und kehrt um, als wäre er es nicht gewesen. Beim Weggehen erwischt ihn der Hausherr, damals der stärkste Kerl im Dorf. Ein fürchterlicher Schreihals. Sobald er den Dieb sieht, fängt er an zu brüllen. Kontaras lacht und geht zu seinem Boot. Fisekis rennt hinterher; die Nachbarn hören sein Geschrei und laufen zusammen. Mittlerweile sitzt Marinos bereits seelenruhig im Boot und verzehrt, gemeinsam mit seinen Gefährten, die Weintrauben. Die Unsrigen geraten in Wut. Sie gehen auf das Boot los, um ihn zu

κώνεται, σαλτάρει όξω απάνω στον άμμο, παίρνει το λάζο, και τους λέει:

– Μωρέ διαόλοι, δεν ξέρετε, πως εγώ είμαι ο Μαρίνος ο Καντάρας;

Τότε μούδιασαν όλοι τους. Ο Φυσέκης όμως, δεν του ερχότανε να τραβηχτεί κι αυτός έτσι, και να τον πειράζουν ύστερα οι δικοί του· του λέει λοιπόν:

– Και μένα με λένε Γληγόρη Φυσέκη. Κι α σου βαστάει να μετρηθείς με τα μένα, ρίξ' το λάζο, κι έβγα να παλέψουμε δώ στον άμμο.

Ο Μαρίνος κοίταξε καλά το Γληγόρη στα μάτια, και χαμογέλασε. Βγάζει το γελέκι του, το πετάει χάμω με το μαχαίρι, κι αρχίζει να περπατεί γύρω και να κουνάει τις χέρες του σα νά 'μπαινε σε χορό. Το ίδιο έκαμε κι ο Γληγόρης.

– Κι όποιος πέσει κερνά όλη την παρέα απόψε!

– Ως το πρωί, αποκρίνεται ο Μαρίνος.

– Και τα παιχνίδια;

– Και τα παιχνίδια! Αγριοματιάζουνται, και χύνουνται ο ένας καταπάνω στον άλλον. Η δουλειά έγινε ώσπου να πείς αμήν. Ο Κοντάρας πιάνει το Φυσέκη από τη μέση, και τόνε στρώνει ανάσκελα.

– Φτάνει σου, Γληγόρη, κι έφαγε χώμα η ράχη σου, του φωνάζουν οι δικοί μας.

Ο Γληγόρης σηκώνεται, βάζει το γελέκι του, και συλλογιέται πως καλύτερα θα ήτανε να 'χανε μοναχά τα σταφύλια.

Το βράδυ, του Θεοχάρη το καπελειό γέμισε χουβαρντάδες. Όλο το χωριό μαζεύτηκε απ' έξω να δει τον ξακουσμένο τον Κοντάρα. Αυτός που σα βρισκότανε σε «δουλειά» γινότανε θεριό, τώρα φαινότανε σαν άγγελος. Μόνο τα Μοσκονήσια βγάζουν τέτοια χαριτωμένα παλληκάρια. Μπόγι κυπαρίσσι, μέση δαχτυλίδι. Μάτια μεγάλα κι όμορφα σαν κοπέλας, μαύρο μουστάκι, αγκίστρι. Τόνε θαμάζανε όλοι, καθώς καθόταν στο σκαμνί κι

packen. Er steht auf, springt auf den Sand, ergreift seinen Dolch und sagt:

«Dumme Teufel, wißt ihr nicht, daß ich Marinos Kontaras bin?»

Da erstarren alle. Nur Fisekis denkt nicht daran, sich so einfach zurückzuziehen, um später von den anderen gehänselt zu werden. Also spricht er zu ihm:

«Und ich heiße Gligoris Fisekis. Wenn du es wagst, dich mit mir zu messen, wirf den Dolch weg und komm heraus, damit wir auf dem Sand kämpfen.»

Marinos schaut Gligoris scharf in die Augen und lächelt. Er zieht seine Weste aus, wirft sie samt dem Messer auf den Boden, beginnt im Kreise herumzustampfen und die Hände zu bewegen, als will er tanzen. Dasselbe tat Gligoris.

«Wer zu Boden geht, hält heute Abend die ganze Gesellschaft frei!»

«Bis morgen früh», antwortete Marinos.

«Auch die Musiker?»

«Auch die Musiker!» Sie funkeln sich wild an, stürzen aufeinander los. Die Sache war erledigt, noch ehe man «Amen» sagen konnte. Kontaras packt den Fisekis um die Taille und wirft ihn rücklings auf den Boden.

«Es reicht, Gligoris, dein Rücken hat die Erde berührt», rufen ihm die Unsrigen zu.

Gligoris steht auf, zieht seine Weste an und denkt, daß es besser gewesen wäre, wenn er nur die Trauben verloren hätte.

Am Abend füllt sich die Kneipe des Theocharis mit Prassern. Das ganze Dorf läuft zusammen, um den berühmten Kontaras zu sehen. Er, der immer zur Bestie wurde, wenn er sich in der «Arbeit» befand, scheint jetzt ein Lamm zu sein. Nur Moskonissi bringt solche ansehnlichen Helden hervor. Ein Wuchs wie eine Zypresse, die Taille wie ein Ring. Große schöne Augen, wie die eines Mädchens, schwarzer Schnurrbart wie ein Angelhaken. Alle bewunderten ihn, wie er auf

έπινε στην υγειά τού Γληγόρη. Τόνε φώναζε αδερφοποιτό τώρα, και παινούσε τα γλυκά του τα σταφύλια. Ο Γληγόρης τον καμάρωνε που τον είχε φίλο, κι ας τον έριξε και κάτω.

– Αφεντικό, στέγνωσε ο λαιμός μου, κι έχω να σου πω κι άλλα γιατί βλέπω και θες να τα μάθεις – μου κάνει τώρα ο καπεταν-Θανάσης.

Έρχεται τρίτο ποτήρι, το πίνει μονορούφι, και ξαναρχινά:

Στείλανε να φέρουν τα βιολιά από το Μεγαλοχώρι. Ώσπου να 'ρθούν τα βιολιά, αυτοί σκάρωσαν κέφι. Ήρθαν τα παιχνίδια, άρχισε το τραγούδι, βγήκαν τα μαντήλια, ο χορός πήγαινε γαϊτάνι. Ο Μαρίνος τους σήκωσε όλους με τη σειρά. Σαν περάσανε μεσάνυχτα, βγαίνουνε και στην πατινάδα. Ίσια στου Φυσέκη το σπίτι πήγαν. Αυτός τότες κατοικούσε στης μητριάς του, μαζί με την αδερφή του. Ο Γληγόρης, και καλά, να βγεί να κεράσει η Λεμονή. Σηκώνεται το κορίτσι από τον πρώτο ύπνο του, και στολίζεται. Ο λόγος του αδερφού της ήτανε νόμος. Έφερνε και κάποιονα με την παρέα, που τόνε μάτιαζε για γαμπρό.

Βγαίνει το λοιπόν η Λεμονή στολισμένη, κι έρχεται με το δίσκο. Δεκοχτώ χρονών κοπέλα, μαυρομάτα και ξανθομαλλούσα. Ξέχασαν όλοι τους το ζέφκι, άμα την είδανε! Μα εκείνος που πήγε να τα χάσει, ήταν ο Μαρίνος Κοντάρας. Έστριβε, κι όλο έστριβε το μουστάκι του. Έκανε πως δεν έβλεπε και τα μάτια του όλο απάνω στην κοπέλα έπεφταν. Ο Γληγόρης, απόνηρος άνθρωπος, δεν παρατήρησε τίποτις άτοπο, είχε και μιά μπιστοσύνη στην αδερφή του, που και τον Εξαποδώ δε φοβούνταν. Κι αν αγαπάς, το καμάρωνε που την κοίταζαν έτσι. Φεύγει το κορίτσι, ξανάρχεται, ξαναφεύγει, ως το πρωί την είχανε στο ποδάρι, έμπα, έβγα και κέρνα.

dem Hocker saß und auf das Wohl des Gligoris trank. Bruderherz nannte er ihn jetzt und pries seine süßen Trauben. Gligoris war stolz, ihn zum Freund zu haben, wenn er auch von ihm niedergeworfen worden war.

«Herr, meine Kehle ist strohtrocken, und dabei habe ich dir noch mehr zu erzählen; ich sehe ja, daß du es hören willst», sagt jetzt der Kapitän Thanasis.

Ein drittes Gläschen kommt. Er trinkt es in einem Zug und fährt fort:

Man ließ Geigen aus Megalochori kommen. Bis sie eintrafen, war alles schon in bester Laune. Spiel und Gesang begannen, die Taschentücher flogen heraus und der Reigentanz hob an. Marinos riß sie nach und nach alle mit. Nach Mitternacht gingen alle hinaus für eine Serenade. Geradewegs zum Haus des Fisekis gingen sie. Er wohnte damals im Hause seiner Stiefmutter, zusammen mit seiner Schwester. Gligoris wollte unbedingt, daß Lemoni aufstehe, um aufzutischen. Das Mädchen erhob sich aus dem ersten Schlaf und machte sich zurecht. Das Wort ihres Bruders war Gesetz für sie. Unter denen, die er mitbrachte, war auch einer, den er als Bräutigam ins Auge gefaßt hatte. Lemoni kam also heraus, geschmückt und mit einem Tablett in der Hand. Ein Mädchen von achtzehn Jahren mit schwarzen Augen und blondem Haar. Bei ihrem Anblick vergaßen alle ihre Späße. Marinos Kontaras war drauf und dran, den Kopf zu verlieren. Er zwirbelte an seinem Schnurrbart herum. Er tat, als sähe er nichts, und dabei fielen seine Augen geradezu über das Mädchen her. Gligoris, ein argloser Mensch, bemerkte nichts Unschickliches; zudem hatte er ein solches Vertrauen zu seiner Schwester, daß er nicht einmal den Leibhaftigen gefürchtet hätte. Du darfst es mir glauben, es machte ihn sogar stolz, wenn man sie so ansah. Das Mädchen geht weg, kommt wieder, geht wieder; bis zum Morgen hielt man sie so in Trab mit «geh hinein», «komm her», «schenk ein».

Τα τραγούδια κι οι χοροί ξαναρχίσανε, μα ο Μαρίνος όρεξη πια για τρέλες δεν είχε. Έκαμε πως τάχατις παράπιε, κάθισε σε μια κόχη, και δος του τό 'στριβε. Θαρρούσες πως ο Σατανάς ανέβηκε από την Κόλαση και του κρυφομιλούσε, τόσο ανήσυχος φαίνουνταν.

Κατά τα ξημερώματα τον παίρνει ο Φυσέκης από το χέρι και τον τραβάει στο χορό πάλι.

– Γλήγορα σας αποκοιμίζει το κρασί εσάς τους θαλασσινούς, του λέει.

Ο Μαρίνος ήθελε να ξεσκάσει και δεν αντιστάθηκε. Βγάζει το μαντήλι και ξαναρχινάει το χορό σα δαιμονισμένος. Ύστερα το ρίχτει και στο τραγούδι. Πετάει ένα τάλαρο του βιολιτζή και του λέει ποιό σκοπό θέλει. Τότες τραγουδήθηκαν πρώτη φορά τα λόγια εκείνα, που τ' ακούμε ως εσήμερα στις χαρές:

Έχεις μαύρα μάτια και ξανθά μαλλιά,
και στο μάγουλό σου, μια χρυσήν ελιά.

Ξέρεις το γύρισμα του σκοπού. Να το συλλογιέσαι μοναχά σε λωλαίνει. Σαν έπαψε το τραγούδι, πέφτει πάλι στη συλλογή, και κει που κάθουνταν έτσι, γυρίζει άξαφνα και του λέει του Φυσέκη:

– Αχ! δε βαστώ, Γληγόρη μου, μια φορά ακόμα να μας κεράσει και φεύγω! Ο Γληγόρης μεθυσμένος τώρα στουπί, λέει της Λεμονής κι έρχεται. Εδώ είναι που γένηκε το κακό! Ο Μαρίνος σηκώνεται, παίρνει το ποτήρι, και βλέποντας την κοπέλα, της μιλεί και λέει, σα να ήτανε μοναχός του μπροστά της:

Εμπήκα μές στ' αμπέλι σου να βρώ γλυκό σταφύλι.
Δεν εύρηκα γλυκότερο σαν το δικό σου χείλι,

και καθώς που τό 'λεγε, έσκυψε να τήνε φιλήσει κιόλας!

Μια τέτοια προσβολή ήταν πρωτάκουστο πράμα μέσα στο τιμημένο το χωριό μας. Το κορίτσι κοκκίνισε και χάθηκε από μπροστά μας. Πήγε όξω κι έκλαιγε σα μωρό

Lieder und Tänze begannen wieder, aber Marinos hatte keine Lust mehr zu ausgelassenen Späßen. Er tat, als hätte er zuviel getrunken, setzte sich in eine Ecke und zwirbelte weiter. Man konnte meinen, der Satan sei aus der Hölle heraufgekommen und spräche leise mit ihm, so unruhig sah er aus.

Gegen Morgengrauen packt Gligoris ihn bei der Hand und zieht ihn wieder in den Tanz.

«Der Wein macht euch schnell müde, euch Seeleute», sagt er zu ihm.

Marinos will sich ablenken und leistet keinen Widerstand. Er zieht sein Taschentuch und beginnt den Tanz wie ein Besessener. Danach gibt er sich dem Gesang hin. Er wirft dem Geiger einen Taler zu und sagt ihm, welche Melodie er haben will. Da wurden zum ersten Mal jene Worte gesungen, die wir bis heute bei den Festen hören:

Du hast schwarze Augen und blondes Haar
und auf der Wange ein goldenes Mal.

Du kennst den Kehrreim des Liedes. Wenn man nur daran denkt, bringt er einen schon um den Verstand. Nach dem Ende des Liedes verfällt Marinos wieder in Nachdenken, und wie er so dasitzt, dreht er sich plötzlich um und sagt zu Fisekis:

«Ach, ich halt's nicht aus, Gligoris. Einmal soll sie uns noch einschenken, dann geh ich.» Gligoris, mittlerweile sternhagelbetrunken, ruft nach Lemoni. Da geschieht das Unheil. Marinos steht auf, ergreift das Glas, und wie er das Mädchen sieht, spricht er zu ihr, als stünde er ihr allein gegenüber:

In deinen Weinberg drang ich, süße Trauben zu pflücken.
Keine süßeren fand ich, als deine beiden Lippen.

Kaum hatte er es gesagt, beugte er sich nieder und küßte sie.

Eine solche Beleidigung war ein unerhörtes Ereignis in unserem ehrbaren Dorf. Das Mädchen wurde rot und verschwand. Sie lief hinaus und weinte wie ein kleines Kind.

παιδί. Η μητριά βγαίνει στη μέση πρώτη φορά και πατάει τις φωνές του Γληγόρη. Η συντροφιά όλη σώπασε. Έφυγαν τα παιχνίδια, ακολούθησαν κι οι άλλοι ένας ένας τους. Ο Γληγόρης σα να ξύπνησε από όνειρο, βλέπει γύρω του μια στιγμή, ύστερα συνεφέρνει, και τραβάει καταπάνω του Μαρίνου. Ο άγγελος τώρα έγινε θεριό πάλι. Βγάζει το λάζο, και ρίχτει μια ματιά του Γληγόρη σα δαίμονας. Χώνουνται δυό τρεις απάνω του, αρπούν το μαχαίρι από το χέρι του, τον παίρνουν όξω μαζί τους και φεύγουν. Τόνε σήκωσαν και τον πήγανε στη βάρκα του. Όλοι κατεβαίνοντας πέρασαν από τα σπίτια τους. Μπήκαν και πήρανε μαζί τους, άλλος μπιστόλι, άλλος μαχαίρι, άλλος τσικούρι. Στάθηκαν όλοι σαν ταχτικοί μιαν αράδα στη σκάλα, και του φωνάζανε να φύγει αμέσως με τους ναύτες του, αλλιώς θα παν όλοι αφόντο. Ο Μαρίνος είχε λίγους μαζί του, κι αυτοί μεθυσμένοι. Παίρνει το κοντάρι, και κάνοντας αβάρα, τους λέει πικρογελώντας, «καλὴ αντάμωση», και σέρνει κατά το πέλαγο.

Σε λιγάκι φτάνει κι ο Γληγόρης Φυσέκης μ' ένα τρομπόνι. Σαν είδε πως η βάρκα ήτανε φευγάτη, σκύλιασε. Πήδηξε στο νερό για να τρέξει κατόπι της! Μεθυσμένα πράματα! Τον έβγαλαν όξω και τον πήγανε σπίτι του.

Ο γερο-Θανάσης εδώ μου γνέφει πάλι. Σαν ξαναδρόσισε το λαιμό του, ξανάρχισε:

– Αφεντικό, ως τώρα ήταν ξεφάντωμα, από τώρα γίνεται ρομάντσο. Αυτά δεν τα είδα, μα τ' άκουσα πολλές φορές από τον ίδιο το μακαρίτη. Ο Μαρίνος σαν τραβούσε για το πέλαγο ήταν αγριεμένος σαν το λιοντάρι. Σαν έμεινε σιωπηλός λίγη ώρα γυρίζει και λέει στους ναύτες του:

– Βρε παιδιά, εγώ σας γλύτωσα ως τώρα από πολλές σκούρες δουλειές, θα με γλυτώσετε και σείς από μια τώρα. Αυτή την κοπέλα εγώ θα την κλέψω, και θα την πάρω γυναίκα μου. Εγώ γύρισα, βρε σείς, Ανατολή και Νησιά,

Die Stiefmutter greift erstmals ein und beginnt Gligoris anzuschreien. Die ganze Gesellschaft verstummt. Die Musiker verschwinden, die übrigen folgen einer nach dem anderen. Gligoris, als erwache er aus einem Traum, blickt sich einen Augenblick um, dann erholt er sich und stürzt sich auf Marinos. Jetzt wird das Lamm wieder zur Bestie. Er zieht den Dolch und wirft Gligoris einen Blick zu wie ein Dämon. Zwei oder drei Männer dringen auf ihn ein, reißen ihm das Messer aus der Hand, schaffen ihn hinaus und setzen sich in Bewegung. Sie heben ihn auf und bringen ihn auf sein Boot. Beim Abstieg kamen sie an ihren Häusern vorbei. Sie gingen hinein und der eine ergriff eine Pistole, ein anderer ein Messer, ein dritter eine Axt. Sie stellten sich in Reih und Glied an den Quai und riefen ihm zu, er solle sofort verschwinden samt seinen Matrosen, sonst würden sie alle ins Meer geworfen. Marinos hatte wenige Leute bei sich, und die waren betrunken. Er faßt den Spriet, sagt beim Abstoßen mit bitterem Lachen «Auf Wiedersehen» und sticht in See.

Kurz darauf kam Gligoris Fisekis mit einer Posaune. Als er sah, daß das Boot weg war, wurde er rasend. Er sprang ins Wasser, um hinterher zu laufen! Gehabe eines Betrunkenen. Man zog ihn heraus und brachte ihn heim.

Hier winkte mir der alte Thanasis. Nachdem er seine Kehle wieder erfrischt hatte, fing er von neuem an:

Herr, bis jetzt war es eine Posse, ab jetzt wird es eine Romanze. Ich habe das alles zwar nicht selbst gesehen, aber oft von dem Seligen gehört. Marinos war wild wie ein Löwe, als er aufs Meer hinausfuhr. Kurze Zeit war er schweigsam und lief auf und ab, dann sagte er zu seinen Matrosen:

«Kinder, bis heute habe ich euch in vielen schwierigen Unternehmungen gerettet, jetzt müßt ihr mich retten. Ich will dieses Mädchen rauben und zu meiner Frau machen. Schaut, ich habe Anatolien und die Inseln durchzogen und

και γύρευα γυναίκα που να μου καίγει την καρδιά, και δεν την εύρισκα. Και τώρα που την βρήκα θα την αφήσω; 'Η την παίρνω, ή μα τον 'Αι-Νικόλα, θα σκοτωθούμε κι οι δυό μας.

Τα παιδιά ήξεραν πως ο Μαρίνος Κοντάρας δεν χωράτευε.

– Μα α δε σε θέλει το κορίτσι; ρωτάει ένας τους.

– Α δε με θέλει, λέει; Μωρέ πίτα, και δεν έβλεπες πως κοκκίνιζε σαν την έβλεπα; Ε, κολοκύθα, μιλάς και συ σα να μην είδες ποτέ σου γυναίκα! Τώρα, ας τραβήξουμε στον Κάβο αντικρύ. Το βράδυ κατεβαίνουμε στα Θέρμα κι αράζουμε. Εγώ θα βγώ μοναχός μου, ντυμένος σα ζητιάνος. Εσείς θα περιμένετε στο γιαλό.

Κι έτσι έγινε. Το βράδυ βράδυ, ότι άρχιζε να σκοτεινιάζει, χτυπούσε στην πόρτα του Φυσέκη ένας ζητιάνος. Ο Γληγόρης γλέντιζε στο καπελειό. Τα παιχνίδια δε ήταν ακόμα φευγάτα. Η γριά μοιρολογούσε στη γειτονιά, το κορίτσι καθότανε μοναχό σπίτι και τοίμαζε το φαί. 'Ολη τη μέρα την πέρασε η Λεμονή ντροπιασμένη. Τα μάτια της ήταν κόκκινα από το κλάμα. Ας είναι καλά τα κορίτσια της γειτονιάς, που την αγαπούσαν, και πήγανε μια μια και της έταξαν, πως ποτές δε θα την ψεγαδιάσουνε με λόγια ή με τραγούδια, γιατί δεν ήτανε δική της ατιμιά. Το κορίτσι παρηγορέθηκε, κι ήρθε στο νου του το βράδυ. Κι άρχισε να συλλογιέται, τι καλύτερα μαθές θα ήτανε, νά 'δειχνε την αγάπη του σαν άνθρωπος ο βλογημένος! Με δυό τρία λόγια θα γύριζε τα μυαλά του Γληγόρη. Τώρα πια πάει. Μήτε θα τον ξαναδεί, μήτε θα τον ξανακούσει. Τότες ήταν που χτύπησε η πόρτα.

– Ποιός είναι; ρωτάει από μέσα η κοπέλα.

– Ο άγιος Θεός να συχωρέσει τα πεθαμένα σου, κόρη μου, κόσμο ακούγω και κόσμο δε βλέπω, λυπήσου με και δός μου το ψυχικό σου.

Ανοίγει η πόρτα, κι απλώνει το χέρι της η κοπέλα μ' ένα κομμάτι ψωμί.

eine Frau gesucht, die mir das Herz entzündet, keine habe ich gefunden. Und jetzt, wo ich sie gefunden habe, soll ich sie lassen? Entweder kriege ich sie, oder – beim heiligen Nikolaus – wir werden beide ums Leben kommen.»

Die Jungen wußten, daß Marinos Kontaras nicht spaßte.

«Aber, wenn das Mädchen dich nicht will», fragte einer.

«Wenn sie mich nicht will? Dummer Strohsack, hast du denn nicht gesehen, wie sie rot wurde, als ich sie ansah? Ha, Kürbiskopf, du redest, als hättest du noch nie im Leben eine Frau gesehen. Laßt uns jetzt nach Kavos hinübersetzen. Am Abend segeln wir dann nach Therma hinunter und werfen Anker. Ich gehe allein an Land, als Bettler verkleidet. Ihr wartet am Strand.»

Und so geschah es. Abends, bei Einbruch der Dunkelheit, klopfte ein Bettler an die Tür des Fisekis. Gligoris zechte in der Kneipe. Die Musiker waren noch da. Die Alte jammerte in der Nachbarschaft herum. Das Mädchen saß allein daheim und bereitete das Essen. Den ganzen Tag über war Lemoni tief beschämt gewesen. Ihre Augen waren rot vom Weinen. Zum Glück kamen die Nachbarmädchen, die sie gern hatten, eine nach der anderen zu ihr und versprachen, sie niemals zu tadeln, weder mit Worten noch mit Liedern, denn es sei nicht ihr Schuld. Das Mädchen tröstete sich, und bis zum Abend war sie wieder ruhig. Sie begann zu überlegen, wie viel besser es doch gewesen wäre, wenn er seine Liebe wie ein Mensch gezeigt hätte, der Tolpatsch. Mit zwei oder drei Worten hätte er Gligoris umgestimmt. Jetzt war alles vorbei. Sie würde ihn nie wieder sehen und nie wieder hören. Da klopfte es an die Tür.

«Wer ist da?» fragt von innen das Mädchen.

«Gott sei deinen Toten gnädig, meine Tochter. Ich höre die Welt, aber ich sehe sie nicht. Hab Mitleid und gib mir ein Almosen.»

Das Mädchen öffnet die Tür und streckt die Hand hinaus mit einem Stück Brot.

– Ο Θεός να συχωρέσει τα πεθαμένα σου, μουρμουρίζει πάλι ο Μαρίνος, και χύνεται μέσα. Η Λεμονή τον ένιωσε αμέσως, και λιγοθύμησε. Δεν είχε να χάνει καιρό ο Μαρίνος. Ρίχτει μια ματιά γύρω, βγάζει το μαντήλι, της δένει το στόμα, την παίρνει στον ώμο, περνά την αυλή, πηδάει από τον πίσω τοίχο μέσα σε κάτι χαλάσματα, από κεί σ' ένα χωράφι, απ' αυτό το χωράφι σ' έν' άλλο, καθίζει εκεί πίσω απ' ένα δέντρο, την περεχά με ανθόνερο που το είχε μαζί του, αυτή μισοανοίγει τα μάτια της, βλέπει ο Μαρίνος πως δεν έχει φόβο, της ξαναδένει το στόμα, κι ίσια στη βάρκα.

Τα παιδιά περιμένανε με το κουπί στο χέρι. Σε μια ώρα βρεθήκανε στο Καλοχώρι. Πηγαίνοντας εκεί, το κορίτσι συνέφερε, μα ο Θεός το ξέρει τι χάλι το είχε. Ο Μαρίνος την είχε σα μάνα το πρωτογέννητό της. Της είπε, της έταξε, την καλόπιασε, λόγο σκληρό δεν της ξεστόμισε, κάμωμα σκληρό δεν της έκαμε. 'Αρχισε σιγά σιγά η κοπέλα ν' ανασαίνει πιο ήσυχα. Σα να της έλεγε κάτι η καρδιά της, που τον ησύχαζε λιγάκι το νου της. 'Αξαφνα συλλογιέται το σπίτι της, τον αδερφό της, το χωριό της, τη ντροπή, αχ, τη ντροπή του τραγουδιού που θα της βγάλουνε. Λιγοθυμάει πάλι, πάλι ανθόνερο και βάσανα. Σαν ήρθε λιγάκι στο νου της, ο Μαρίνος, που το κατάλαβε τι την έτρωγε, αρχίζει πάλι και της γλυκομιλεί και της λέει πως μήτε θα την αγγίξει ώσπου να βλογηθούνε, μήτε θα βλογηθούνε ώσπου να πει εκείνη το ναι, και μάρτυροι τα παλληκάρια του. Φτάνανε στο Καλοχώρι, κι ακόμα δεν άνοιξε το στόμα της η Λεμονή να πει λέξη. Της θυμίζει ο Μαρίνος πως δεν μένει ώρα για συλλογή, γιατί φτάσανε. Αρχίζει τότες η κοπέλα τα κλάματα, και καθώς απλώναν το γάντζο να πιαστούν και να ξεμπαρκαριστούνε στην ακρογιαλιά παραπίσω από το λιμάνι, έκαμε κουράγιο η κοπέλα και του λέει:

– Α μου το κάνεις όρκο μπροστά στην Παναγιά και στον 'Αι-Νικόλα, και μπροστά στον παπά, πως η ζωή σου τώρα

«Gott sei deinen Toten gnädig», murmelt Marinos wieder und stürzt hinein. Da spürt Lemoni, daß er es ist und fällt in Ohnmacht. Marinos hat keine Zeit zu verlieren. Er schaut sich um, zieht sein Taschentuch, verbindet ihr den Mund, nimmt sie auf die Schulter, durchquert den Hof, springt über die hintere Mauer in irgendwelche Ruinen, von dort auf ein Feld und von diesem auf ein anderes. Dort setzt er sich hinter einen Baum und benetzt das Mädchen mit Rosenwasser, das er bei sich hat. Sie öffnet halb die Augen, Marinos sieht, daß kein Grund zur Sorge besteht, verbindet ihr wieder den Mund und bringt sie geradewegs aufs Boot.

Die Jungen warteten mit der Hand am Ruder. Nach einer Stunde waren sie in Kalochori. Auf der Fahrt dorthin erholte sich das Mädchen, aber Gott weiß, wie übel sie sich fühlte. Marinos behandelte sie wie eine Mutter ihr Erstgeborenes. Er sprach auf sie ein, beschwor sie, redete ihr gut zu. Kein hartes Wort, kein rauhes Benehmen. Langsam begann das Mädchen ruhiger zu atmen. Als würde das Herz etwas zu ihr sagen, was ihren Geist ein wenig beruhigte. Plötzlich denkt sie wieder an ihr Haus, ihren Bruder, ihr Dorf, die Schande, ach die Schande, daß man Lieder auf sie singen wird. Wieder fällt sie in Ohnmacht, wieder Rosenwasser und Qualen. Als sie dann wieder bei sich ist, beginnt Marinos, der verstanden hat, was sie peinigt, wieder sanft auf sie einzureden; er sagt, daß er sie weder anrühren werde, bis sie getraut sind, noch es zu einer Trauung kommen werde, ehe sie nicht selbst das «Ja» gesagt habe. Seine Männer sind Zeugen. Sie erreichen Kalochori, und Lemoni macht ihren Mund immer noch nicht auf, um etwas zu sagen. Marinos erinnert sie, daß jetzt nach der Ankunft keine Zeit mehr bleibt zum Überlegen. Das Mädchen fängt an zu weinen, aber während sie den Haken einschlagen, um festzumachen und am Strand hinter dem Hafen auszuschiffen, faßt sie Mut und sagt zu ihm:

«Wenn du mir schwörst, bei der Mutter Gottes und beim heiligen Nikolaus und vor dem Pfarrer, daß dein Leben jetzt

και μπρος θα είναι ήρεμη και γλυκειά σαν τα λόγια που μου είπες, πως θ' αφήσεις τη θάλασσα και το λάζο, και θα γυρίσεις στο χωριό μας μαζί με τον παπά, για να μαρτυρήσει, πως με πήρε στα χέρια του τιμημένη, και μείνεις μαζί μου για πάντα, σου λέω το ναι.

Ο Μαρίνος δεν ήθελε τίποτις άλλο. 'Ηταν αποφασισμένος να τάξει το καθετίς για την αγάπη της.

Βγαίνουν όξω, περνούν από τους σκοτεινούς δρόμους, και πάνε στην εκκλησιά του Καλοχωριού. Βρίσκουν το κελλί, κράζουν τον εφημέριο, του ξηγούν τι τρέχει. Ο παπάς λέει στην αρχή όχι. Μα σαν είδε πως εδώ έχει και λάζους, τι να κάμει! Βάζει το πετραχήλι του και τους παντρεύει. Πριν να τους βλογήσει έγινε κι ο όρκος δυό φορές. Μια πάνω στο Βαγγέλιο, και μια μπρος στον 'Αι-Νικόλα, που τόνε φοβούνταν ο Μαρίνος κι από το Βαγγέλιο πιότερο.

– Τώρα πίσω όλοι μας, κι ο παπάς μαζί, λέει ο Μαρίνος. Μια ώρα πριν τα ξημερώματα άραξε η βάρκα στο λιμάνι μας μέσα. Οι ναύτες ήταν όλοι αρματωμένοι, για να προλάβουν και καμιά αναποδιά, αν τους μυρίζονταν οι δικοί μας. Βγαίνει πρώτα μοναχός ο παπάς, και πηγαίνει στου Γληγόρη το σπίτι. Τι κακό που γίνουνταν! Οληνυχτίς στο ποδάρι, οληνυχτίς ο κόσμος όξω με τα φανάρια, κι ότι τοιμαζόντανε να στείλουν ανθρώπους και στα χωριά να βρουν τη χαμένη Λεμονή.

Ο παπάς τους τα 'σιαξε όλα. 'Αμα μπήκε σπίτι, πάει ίσια στον αδερφό της κοπέλας, που κάθουνταν εκείνη την ώρα κι ακουμπούσε τα μάγουλά του στα δυό του χέρια με τους αγκώνες στα γόνατα, κοιτάζοντας άγρια σαν τρελός, και του λέει:

– Παιδί μου, η ευκή του Θεού να είναι μαζί σου, μη φοβάσαι καθόλου. Η αδερφή σου αυτή την ώρα είναι αγνή και τιμημένη, καθώς ήταν τη στιγμή που γεννήθηκε. Εκείνος που την πήρε είναι άλλος άνθρωπος τώρα. Να ο όρκος του. Α δεν ξέρεις γράμματα, να σου τόνε διαβάσω:

und künftig so ruhig und sanft sein wird wie die Worte, die du mir gesagt hast, daß du von Meer und Dolch lassen und in unser Dorf kommen wirst, zusammen mit dem Pfarrer, damit er bezeugen kann, daß er mich unbescholten fand, und daß du immer bei mir bleiben willst, dann sag' ich ja.»

Marinos wollte nichts anderes. Er war entschlossen, für ihre Liebe alles zu versprechen.

Sie gehen an Land, durchstreifen die dunklen Gassen und laufen zur Kirche von Kalochori. Sie finden die Wohnung des Pfarrers, rufen ihn und erklären ihm die Sache. Der Pfarrer sagt zuerst nein. Sowie er aber sieht, daß auch Dolche im Spiele sind, was soll er machen? Er legt seine Stola um und traut sie. Vor der Trauung wurde ein doppelter Eid geleistet. Einer auf das Evangelium und einer beim heiligen Nikolaus, den Marinos mehr fürchtet als das Evangelium.

«Jetzt alle zurück, zusammen mit dem Pfarrer», sagt Marinos. Eine Stunde vor Anbruch der Morgendämmerung warf das Schiff in unserem Hafen Anker. Die Matrosen waren alle bewaffnet, um allen Widrigkeiten vorzubeugen, falls die Unsrigen Lunte riechen sollten. Als erster ging der Pfarrer allein an Land und begab sich zum Haus des Gligoris. Welch ein Durcheinander herrschte dort! Die ganze Nacht war alles auf den Beinen gewesen, mit Lampen unterwegs, und jetzt war man dabei, auch Leute in die Dörfer zu schicken, die verschwundene Lemoni zu suchen.

Der Pfarrer brachte alles ins Lot. Nachdem er ins Haus getreten war, ging er geradewegs zum Bruder des Mädchens, der zu dieser Stunde – die Wangen auf die Hände gestützt und die Ellenbogen auf den Knien – dahockte und wild um sich blickte wie ein Verrückter. Der Pfarrer sagte zu ihm:

«Mein Kind, der Segen Gottes sei mit dir. Hab keine Angst. Deine Schwester ist in diesem Augenblick rein und unbescholten, wie sie es im Augenblick ihrer Geburt war. Derjenige, der sie genommen hat, ist jetzt ein anderer Mensch. Hier ist sein Eid. Wenn du nicht lesen kannst,

«Ορκίζομαι στο Βαγγέλιο και στον Άι-Νικόα – μεγάλη η χάρη του – πως απ' αυτήν την ώρα που παίρνω τη Λεμονή του μαστρο-Βασίλη, από το Νεροχώρι, για γυναίκα μου, ως το τέλος της ζωής μου, θ' αφήσω τη θάλασσα, δε θ' αγγίξω μαχαίρι, θα ζήσω κοντά της στο Νεροχώρι, δε θα της ξεστομίσω ποτές πικρό λόγο, μόνο θα ζήσω και θα πεθάνω μαζί της ειρηνικά κι αγαπημένα. Μαρίνος Κοντάρας».

Ο Φυσέκης άφρισε. Ο παπάς, μεγαλάνθρωπος, που είδε κι αυτός κόσμο στον καιρό του, τους προστάζει όλους να φύγουν από κοντά τους. Μια ώρα μείνανε μοναχοί. Ο Γληγόρης να μουγκρίζει και να δέρνεται, κι ο παπάς να του ψάλλει. Σαν άρχισε να γλυκοχαράζει, ακούγαμε απ' έξω λιγότερες φωνές, και πιότερες ομιλίες. Και σα χτυπούσε ο ήλιος το κορφοβούνι εκειδά, ο παπάς, ο Γληγόρης κι όλο το συγγενολόγι με μερικούς γειτόνους και με τα παιχνίδια μπροστά, κατεβαίνανε στο γιαλό ν' ανεβάσουν το γαμπρό και τη νύφη.

Σαν είδανε βιολιά και χαρές ο Μαρίνος κι οι δικοί του αρχίσανε να κλαίνε σα μωρά παιδιά απ' τη χαρά τους. Η Λεμονή δε βάσταξε πάλι και λιγοθύμησε. Τώρα της τό 'χυσε ο Γληγόρης τ' ανθόνερο. Τη συνέφερε και την έβγαλ' έξω.

Όλο το χωριό μαζεύτηκε κάτω. Ανεβήκαμε όλοι με το «τραγούδι της νύφης». Δε θα το ξεχάσω ποτέ τ' ανέβασμα εκείνο. Πήγαμε πρώτα στον Άι-Νικόλα. Εκεί έταξε ο Μαρίνος να κάμει τη βάρκα του ασημένιο καντήλι. Θα το είδες εκεί σήμερα αυτό το καντήλι.

Σαν προσκύνησαν πήγανε σπίτι. Μαζεύουνται οι γυναίκες, στολίζουν τη νύφη, αρχινάει ο γάμος. Ανάποδος γάμος, πρώτα το στεφάνωμα κι ύστερα οι χαρές. Μερόνυχτα βάσταξε το ξεφάντωμα. Μπήκα και γώ στο χορό τότες, παιδί αμούστακο, πρώτη φορά. Γι' αυτό και τα θυμούμαι τόσο καλά. Μα πού να σου τα δηγηθώ όλα, αφεντικό!

werde ich ihn dir vorlesen. «Ich schwöre auf das Evangelium und beim heiligen Nikolaus – groß ist seine Gnade –, daß ich von der Stunde an, da ich die Lemoni des Meisters Vasilis aus Neochori zur Frau genommen habe, bis an mein Lebensende vom Meer lassen, kein Messer anrühren, mit ihr in Neochori wohnen, ihr nie ein böses Wort sagen und friedlich und in Liebe mit ihr zusammen leben und sterben werde. Marinos Kontaras!»

Fisekis brauste auf. Der Pfarrer, ein großherziger Mensch, der zu seiner Zeit die Welt kennengelernt hatte, befahl allen fortzugehen. Eine Stunde waren sie allein. Gligoris um zu brüllen und sich die Haare zu raufen, der Pfarrer um ihm den Kopf zurechtzusetzen. Bei Anbruch der Morgendämmerung hörten wir draußen immer weniger Geschimpfe und immer mehr Predigt. Und als die Sonne die Bergspitze dort berührte, zogen der Pfarrer, Gligoris und die ganze Verwandtschaft mit einigen Nachbarn – die Musiker vorneweg – zum Strand, um Bräutigam und Braut heraufzuholen.

Als sie die Geigen und den Jubel sahen, begannen Marinos und die Seinen vor Freude zu weinen wie kleine Kinder. Lemoni hielt es nicht aus und fiel wieder in Ohnmacht. Jetzt war es Gligoris, der Rosenwasser über sie goß. Er brachte sie wieder zu sich und hob sie an Land.

Das ganze Dorf versammelte sich unten. Sie zogen alle hinauf, das «Brautlied» singend. Diesen Aufzug werde ich nie vergessen. Zuerst gingen wir zum heiligen Nikolaus. Dort gelobte Marinos, sein Boot zur silbernen Öllampe zu machen. Du hast sie heute dort gesehen, diese silberne Ampel.

Nachdem sie gebetet hatten, gingen sie heim. Die Frauen strömten zusammen und schmückten die Braut, die Hochzeit begann. Eine umgekehrte Hochzeit, erst die Trauung und dann die Feier. Tagelang, nächtelang dauerte das Fest. Damals habe ich, ein bartloser Junge noch, zum ersten Mal getanzt. Deshalb erinnere ich mich so gut. Aber wie soll ich dir das alles erzählen, Herr?

Εδώ παρακάλεσα το γερο-Θανάση να μη μου πει άλλα σήμερα, γιατί πέρασ' η ώρα, και πρέπει να ξεκινήσω. Τον κέρασα λοιπόν ένα ποτήρι, και τον καλοβράδιασα.

– Μα δεν τά 'κουσες όλα, αφεντικό! Δεν άκουσες τι άνθρωπος έγινε ύστερα τ' αγγελοκάμωτο εκείνο το θεριό! Τι καλοτυχιά που την είχε με τη Λεμονή του, και με τ' αμπελάκι που τους έδωσε ο Γληγόρης! Δε σου είπα πως για χρόνια μήτε να ψαρέψει δεν ήθελε, ώσπου ήρθε ο παπάς του Καλοχωριού που τους είχε στεφανωμένους, κι είπε πως ήρθε στον ύπνο του ο 'Αι-Νικόλας θυμωμένος που δεν ψάρευε πια ο Μαρίνος! Και τότες άρχισε να παίρνει κάποτες το πεζόβολο και να βγάζει ψάρια της γυναικούλας του.

Τι τα θες, αφεντικό, πενήντα χρόνια έζησαν έτσι αγαπημένα, κι έτσι πεθάνανε σήμερα. 'Ενα καημό τον είχανε μοναχά, που δεν κάμανε και παιδιά. Μα κάθε άλλο καλό του κόσμου το είχανε. 'Ητανε Θεού θέλημα να σώσει την ψυχή του ένα κορίτσι, μια γυναίκα! Κι ύστερα λεν, πως μας κολάζουν οι γυναίκες! Μα είναι, βλέπεις, γυναίκες και γυναίκες, αφεντικό! Δες τώρα τη δική μου τη στρίγγλα, και πες μου αν δεν κάμω φρόνιμα που περνώ τη βραδιά μου στο καπελειό!

– Ε, καλό βράδυ, καπετάνιο μου, πρέπει να πάω ν' ανάψω ένα κερί και να φύγω, γιατί θα θυμώσει και μένα η γυναίκα μου, αν πολυαργήσω.

Κι έτσι σηκώθηκα κι έφυγα.

Ξαναπηγαίνω στην εκκλησιά. 'Ηθελε ακόμα καμιά ώρα να βασιλέψει ο ήλιος. 'Ολα ησυχία στο κοιμητήριο. Η θύρα κλεισμένη μήτε παπάς, μήτε νεκροθάφτης. Ανοίγω, μπαίνω μέσα, πηγαίνω κατά τον τάφο της θεια-Λεμονής. Βρίσκω δυό τάφους τώρα, πλάγι πλάγι, κι απάνω τους σταυρό καμωμένο με τ' αξίνι και με το φτυάρι. 'Εσκυψα μπρός στους δυό τάφους, και παρακάλεσα το Θεό να γεμίσει τον κόσμο τέτοια ταίρια, που αρχινούν τη ζωή τους αγκαλιασμένα, και κατεβαίνουνε στο χώμα χέρι με χέρι.

Hier bat ich den alten Thanasis, mir heute nichts mehr zu erzählen, denn es war spät und ich mußte aufbrechen. Ich spendierte ihm ein Glas und wünschte ihm Guten Abend.

«Aber du hast nicht alles gehört, Herr! Du hast nicht gehört, was für ein Mensch später diese in ein Lamm verwandelte Bestie geworden ist. Welches Glück er hatte mit seiner Lemoni und mit dem Weinberg, den Gligoris ihnen schenkte! Ich habe dir noch nicht erzählt, daß er jahrelang nicht einmal mehr fischen wollte, bis der Pfarrer von Kalochori kam, der sie getraut hatte und ihm sagte, daß zu ihm im Schlaf der heilige Nikolaus gekommen sei, zornig, weil Marinos nicht mehr fische. Da nahm er wieder manchmal das Wurfnetz, um seiner Frau Fische zu fangen.

Was soll's Herr, fünfzig Jahre lebten sie so in Liebe, und heute starben sie. Nur einen Kummer hatten sie, daß sie keine Kinder bekamen. Aber jedes andere Glück der Erde besaßen sie. Es war Gottes Wille gewesen, daß ein Mädchen, eine Frau, seine Seele rettete. Und da sagt man, daß uns die Frauen in die Hölle bringen! Aber es gibt eben Frauen und Frauen, Herr! Schau dir nur die Meine an, die Hexe, und sag mir, ob ich nicht recht daran tue, meine Abende in der Kneipe zu verbringen!»

«Ah, guten Abend, Kapitän, ich muß gehen, um eine Kerze anzuzünden, und dann abfahren, denn auch meine Frau wird böse, wenn ich mich verspäte.»

Und so stand ich auf und ging.

Ich ging wieder in die Kirche. Es war noch einige Zeit vor Sonnenuntergang. Alles ruhig auf dem Friedhof. Die Tür geschlossen, weder der Pfarrer war da noch der Totengräber. Ich öffnete, trat ein, ging zum Grab der Lemoni. Zwei Gräber fand ich jetzt, Seite an Seite, und darüber ein Kreuz aus Axt und Schaufel gebildet. Ich verneigte mich vor den beiden Gräbern und bat Gott, die Erde mit solchen Paaren zu füllen, die in Umarmung ihr Leben beginnen und Hand in Hand in die Grube steigen.

Η μάνα μου δεν είναι παπαδία; Ε, κι εγώ παπαδία θα γένω!

Έτσι έλεγε με το τριανταφυλλένιο της πεισματάκι, η ξανθή Σουζάννα, η όμορφη θυγατέρα του παπά-Ζήσιμου του Κλοντηρά.

Κι ήταν το μοναχό της αργκουμέντο για να καταφέρει τους δικούς της να της δώσουν τον Άνθιμο τον αναγνώστη που τη γύρεψε. Ούτε τον αγαπώ έλεγε, ούτε τον θέλω, ούτε μ' αρέσει, ούτε είναι καλός, ούτε είναι όμορφος. Μόνο πως έπρεπε να γίνει «παπαδία» επειδή ήταν κι η μάνα της. Αν άξαφνα ο παπα-Ζήσιμος, που δεν ήθελε ν' ακούσει τέτοιο γάμο, της έλεγε: «καλά λοιπόν· δε θα σου δώσω τον Άνθιμο τον αναγνώστη, θα σου δώσω όμως τον Αντρέα το διάκο· πάλι παπαδία θα γένεις· θέλεις;» – ω, η ξανθή Σουζάννα θα βρισκότανε πολύ μπερδεμένη. Μόνο γιατί τα είχε ψημένα με τον Άνθιμο, η κατεργαρούλα ήθελε τώρα, σώνει και καλά, να «γένει παπαδία» ...

Μα δεν ήταν φόβος να της έκανε τέτοια πρόταση ο πατέρας της, ούτε στ' αστεία. Γιατί ο παπα-Ζήσιμος όσο δεν ήθελε τον Άνθιμο τον αναγνώστη, άλλο τόσο δε θα'θελε και τον Αντρέα το διάκο. «Μακριά από ράσο! έλεγε πάντα. Μία θεγατέρα μονάχα μου άφησε ο αφέντης ο Θεός και δε θα την κάνω εγώ δυστυχισμένη δίνοντάς τη σε παπά. Όξω!! ... Και γιατί να μη ζήσει το παιδί μου, να μη χαρεί τα νιάτα του και τον κόσμο; Στον τόπο μας, η παπαδία είναι ακόμα υποχρεωμένη να ζει σα μια γυναίκα που 'χει πάντα κορέττο. Ούτε λούσα, ούτε θέατρα, ούτε χοροί, ούτε καρναβάλια. Μούγκρα, μούχλα, κλεισούρα, σκοτάδι. Απλά ρούχα σκούρα και ήσυχη ζωή οικογενειακή, παναπεί καλογερίστικη. Και γιατί; Γιατί έτσι, λέει, έζησε κι μάνα τση. Μπα! ίσα-ίσα γι' αυτό

Ist meine Mutter nicht Pfarrersfrau? Also werde ich auch Pfarrersfrau.

So sprach in ihrem rosigen Eigensinn die blonde Susanna, die schöne Tochter des Pfarrers Sisimos Klondiras.

Das war ihre einzige Begründung, um ihre Familie dazu zu bringen, ihr Anthimos, den Vorleser, der um ihre Hand angehalten hatte, zum Mann zu geben. Sie sagte weder «ich liebe ihn» noch «ich will ihn» noch «er gefällt mir» noch «er ist gut» noch «er ist schön». Nur, daß sie Pfarrersfrau werden müsse, weil ihre Mutter es auch sei. Wenn nun der Pfarrer Sisimos, der von dieser Heirat nichts hören wollte, ihr plötzlich sagen würde: «Also gut, aber ich werde dir nicht Anthimos, den Vorleser, sondern Andreas, den Diakon geben; da wirst du genauso gut Pfarrersfrau; willst du?» – Oh, die blonde Susanna säße in der Klemme! Nur weil sie dem Anthimos zugetan war, die Durchtriebene, wollte sie jetzt auf Biegen und Brechen «Pfarrersfrau werden» . . .

Es war jedoch nicht zu befürchten, daß ihr Vater ihr einen solchen Vorschlag – und sei es nur zum Scherz – machen würde. Pfarrer Sisimos wollte nämlich Andreas, den Diakon, genauso wenig haben, wie Anthimos, den Vorleser. «Nichts wie weg vom Priesterrock», sagte er immer. Der Herrgott hat mir eine einzige Tochter geschenkt, und ich will sie nicht unglücklich machen, indem ich sie einem Pfarrer gebe. Weg damit! Warum soll mein Kind nicht leben, sich seiner Jugend und der Welt erfreuen? In unserem Land ist eine Pfarrersfrau noch immer verpflichtet, wie in ständiger Trauer zu leben. Kein Schmuck, kein Theater, kein Tanz, kein Karneval. Schweigen, Muffigkeit, Abgeschiedenheit, Düsternis. Einfache, dunkle Kleidung und zurückgezogenes Familienleben, fast das Leben einer Nonne. Und wozu? Weil, wie sie sagt, auch ihre Mutter so gelebt hat. Pah! Gerade deswegen

να μη ζήσει έτσι η θεγατέρα. Το σόι μας, η γενιά μας, επλέρωσε το φόρο του με το παραπάνου. Φτάνει μας! ας πλερώσουνε τώρα κι άλλοι. 'Επειτα, και να 'θελε σήμερα μια παπαδία να ζήσει λίγο αλλιώτικα – ε, ο κόσμος, βλέπεις, όλο πάει μπροστά – μήπως μπορεί; 'Οβολα δε βγάνει η αγιαστήρα παρά μία βολά το χρόνο: του Φωτώνε. Παπάς – πάντα φτωχός! Και οτη Μητρόπολη να εφημερεύει, και σ' ένα ξωκλήσι, το ίδιο κάνει. Τ' είναι ο κάβουρας, τι το ζουμί του ... Δε βαριέσαι! Μακρύα από ράσο!»

Στην αρχή, κι η Σουζάννα του παπά είχε τις ιδέες του πατέρα της. Αγαπούσε, σαν κορίτσι, τον κόσμο, ποθούσε να ζήσει χαρούμενα στους κόλπους του, και κάθε άλλον θα διάλεγε γι' άντρα της, παρά έναν αναγνώστη που θα γινόταν παπάς. Τ' όνειρό της μάλιστα, όπως πολλών κοριτσιών εκείνη την εποχή – γιατί αργότερα το «ιδανικό» άλλαξε, για ν' αλλάξει και πάλι – θα 'ταν κανένας όμορφος λεβέντης στρατιωτικός. Της γουστάριζε πολύ το σπαθί, η κορόνα, η μεσούλα, το λιγερό κορμί και το στριμμένο μουστακάκι κάτι νέων αξιωματικών, που τους έβλεπε στον αντικρινό στρατώνα της χωροφυλακής. Μα και σπαθοφόρο αν δεν έβρισκε, μ' ευχαρίστηση θα 'λεγε το ναι για κανένα τηλεγραφητή, ή μηχανικό, ή δάσκαλο της προκοπής, ή κι εμποράκο γραμματισμένο, σαν το Γερόλυμο, τον καλό φίλο του πατέρα της. Πάντα όμως για λαϊκό, πολίτη, άντρα. Γιατί κάθε άλλο παρά εντύπωση ανδρός της έκανε ένας άνθρωπος που έκρυβε το κορμί του μέσα σ' ένα βελέσι και που είχε μακριά μαλλιά σα γυναίκα. Κι ο πιο νέος, ο πιο δροσερός, ο πιο όμορφος ρασοφόρος θα της φαίνονταν γελοίος. Εκείνες οι μαλλούρες μάλιστα – πουφ! ...

Πώς το 'παθε λοιπόν η καλή μας Σουζάννα, με τέτοιες ιδέες – δικές της, του πατέρα της, και της μάνας της ακόμα – να πάει να πέσει σα στραβή και ν' αγαπήσει τον αναγνώστη; Αυτό, αλήθεια, είναι κάμποσο παράξενο κι αξίζει να το διηγηθούμε περιστατικώς.

soll die Tochter nicht so leben. Unsere Familie, unsere Generation hat reichlich ihren Beitrag geleistet. Es genügt. Laßt auch mal andere zahlen! Übrigens: selbst wenn eine Pfarrersfrau heute anders leben wollte – die Menschheit macht bekanntlich Fortschritte – könnte sie es denn? Geld bringt der Weihwedel nur ein einziges Mal im Jahr, am Epiphaniasfest. Ein Pfarrer ist immer arm. Ob er in der Kathedrale Dienst tut oder in einer kleinen Kapelle, es ist immer das Gleiche. Ein Krebslein gibt keine Suppe. Was soll's? Nichts wie weg vom Priesterrock.

Auch Susanna hatte anfangs gedacht wie ihr Vater. Wie jedes Mädchen liebte sie die Welt und wünschte sich ein heiteres Leben. Jeden anderen hätte sie lieber zum Mann genommen als einen Vorleser, der Pfarrer werden würde. Ihr Traum, wie bei vielen Mädchen jener Zeit – später änderte sich das Ideal und noch später noch einmal – war ein schöner Held in Uniform. Ihr gefielen der Säbel, das Rangabzeichen, die schlanke Taille, der geschmeidige Körper, der gezwirbelte Schnurrbart einiger junger Offiziere, die sie in der gegenüberliegenden Polizeikaserne sah. Und wenn sie keinen Degenträger finden sollte, wäre sie gern bereit gewesen, einem Telegraphisten oder einem Techniker oder einem angesehenen Lehrer oder einem gebildeten Kaufmann, wie Gerolymos, dem guten Freund ihres Vaters, das Ja-Wort zu geben. Also jedenfalls einem Weltlichen, einem Stadtmenschen, einem Mann. Niemand konnte als Mann auf sie Eindruck machen, der seinen Körper in einem Halbrock versteckte und lange Haare trug wie eine Frau. Der jüngste, der frischeste, der schönste Soutanenträger kam ihr lächerlich vor. Besonders diese Haare – Puh . . .

Was war also in unsere gute Susanna gefahren, daß sie mit dieser Einstellung – ihrer eigenen und der ihres Vaters und sogar ihrer Mutter – sich Hals über Kopf in den Vorleser verliebte? Das ging wahrlich sehr seltsam zu und es ist der Mühe wert, die Umstände zu erzählen.

Ο Άνθιμος, ο γιος του Χρήστου του Χρυσομάλλη, ήταν ένα παιδί ζωηρό κι έξυπνο, από μικρή φαμίλια, που είχε όμως τον τρόπο της. Ο πατέρας του, καλός τεχνίτης, έφτιανε βάρκες και καΐκια, κι εξεδούλευε άφθονα. Το γιο του τον είχε στα γράμματα κι από μικρό, κάθε Κυριακή, τον έπαιρνε μαζί του στην Εκκλησία. Ο Άνθιμος, εκτός από το θρήσκο του πατέρα, έτυχε να 'χει εκκλησιαστικό όνομα κι έκτακτη φωνή. Άφηνε το γέρο στο στασίδι κι αυτός έμπαινε στο Ιερό για να λέει το κυριελέησον. Κι ήρθε μια καλή Κυριακή, που είπε στη Φανερωμένη και τον Απόστολο, κι όλος ο κόσμος πια θαύμασε τη φωνή του, και συχάριασε τον πατέρα του και του ευχήθηκε να τον δει ψάλτη ή παπά.

– Και γιατί όχι και τα δύο; ... έλεγε γελώντας ο γερο-Χρυσομάλλης.

Αλήθεια, γιατί όχι και τα δύο; ... Μήπως τόσοι και τόσοι καλλίφωνοι παπάδες, στο νησί εκείνο το φιλόθρησκο, το γεμάτο Εκκλησιές, δεν έκαναν στον ίδιο καιρό και τον ψάλτη, κι αφού τελείωναν τη λειτουργία στην ενορία τους, σαν εφημέριοι, δεν πήγαιναν σε μιαν άλλη να ψάλουν; Να, και της Φανερωμένης ο δεξιός ψάλτης, ήταν ο παπα-Ζαφειράκης, εφημέριος στον Άγιο Παύλο, που έτσι κέρδιζε σχεδόν άλλα τόσα. Γιατί όσα έχει ο εφημέριος μιας μικρής ενορίας, έχει κι ο ψάλτης μιας μεγάλης. Κι από την Κυριακή εκείνη, κάτι τέτοιο ονειρευότανε για το γιο του ο Χρυσομάλλης. Στο στενό, τον περιορισμένο του κύκλο, ενόμιζε πως ήταν το μεγαλύτερο, το τολμηρότερο που μπορούσε να ονειρευτεί. Την παραμικρή υποψία δεν είχε ο καημένος ο ζακυθινός, πως αν ήταν αλλού το παιδί του, με τη θαυμαστή εκείνη φωνή και με το μουσικό του αυτί, θα μπορούσε ίσως να γίνει ένας μεγάλος τενόρος, να δοξαστεί στον κόσμο και να πλουτίσει.

Κάποτε όμως του το σφύριξαν κι αυτό. Ιταλικοί θίασοι πήγαιναν τακτικά στο νησί κι έπαιζαν όπερες στο κομψό,

Anthimos, der Sohn des Christos Chrysomallis, war ein lebhafter und gescheiter Junge aus einer in bescheidenen Verhältnissen lebenden Familie, die aber ihr Auskommen hatte. Sein Vater, ein guter Handwerker, baute Boote und Kaikia und arbeitete viel auswärts. Seinen Sohn schickte er von klein auf in die Schule, und jeden Sonntag nahm er ihn mit in die Kirche. Außer seinem frommen Vater hatte Anthimos zufällig auch einen recht geistlich klingenden Namen und dazu eine vortreffliche Stimme. Er ließ seinen Vater in der Kirchenbank und trat in den Altarraum, um das Kyrie zu sprechen. Ein schöner Sonntag kam, und er sang in der Phaneromeni-Kirche auch die Epistel; alle Leute bewunderten seine Stimme, gratulierten seinem Vater und wünschten ihm, er möge ihn eines Tages als Kirchensänger oder Pfarrer sehen.

«Und warum nicht beides?» sagte der alte Chrysomallis lachend.

Wahrhaftig, warum nicht beides?... Gab es auf dieser frommen Insel voller Kirchen nicht zur Genüge Pfarrer mit guter Stimme, die zugleich als Kirchensänger tätig waren und nach dem Ende der Messe in ihrer Gemeinde in eine andere Kirche gingen, um zu singen? Der Sänger zur Rechten in der Phaneromeni-Kirche war Pfarrer Saphirakis, der Geistliche der St. Paulus-Kirche und verdiente so noch einmal fast das Gleiche dazu. Der Pfarrer einer kleinen Gemeinde verdient nämlich ungefähr so viel wie der Kirchensänger einer großen. Von diesem Sonntag an erträumte sich Chrysomallis etwas Ähnliches für seinen Sohn. Bei seinem eng begrenzten Horizont hielt er es für das Größte und das Gewagteste, wovon er träumen konnte. Nicht die leiseste Ahnung hatte der arme Mann aus Zakynthos, daß sein Kind anderswo mit dieser wunderbaren Stimme und diesem musikalischen Gehör vielleicht ein großer Tenor werden könnte, reich und weltberühmt.

Aber eines Tages wurde ihm dieser Floh doch ins Ohr gesetzt. Es kamen immer italienische Ensembles auf die Insel

χειμωνιάτικο θεατράκι της χώρας. Η ορχήστρα κι ο ανδρικός χορός σχηματίζονταν από ντόπιους μουζικάντηδες και τραγουδιστάδες, που είχε τότε και πολλούς και καλούς, κι όλοι σχεδόν οι καλύτεροι ψαλτάδες των Εκκλησιών, οι λαϊκοί, λάβαιναν μέρος στο κόρο της όπερας, μαζί με τις Ιταλίδες της κομπανίας.

Μια φορά λοιπόν, μερικοί φίλοι, κρυφά από το γέρο, κατάφεραν να πάρουν και τον Άνθιμο. Ο δόκιμος ψαλτάκος, ο ντιλεττάντες να πούμε, που βοηθούσε χάρισμα το χορό της Φανερωμένης κι έλεγε το κυριελέησον και τον Απόστολο, ήταν τότε μαθητής στο Γυμνάσιο, δεκαπέντε χρονών. Η ύγια και πλούσια τενορίστικη φωνή του έκαμε κατάπληξη στους Ιταλούς αρτίστες και κάποιος απ' αυτούς – ο μπάσσος μου φαίνεται, όχι, οπωσδήποτε, ο τενόρος, ποτέ ... – χάλασε τον κόσμο να πάρει μαζί του τον Άνθιμο στην Ιταλία.

– Έλα στη Νάπολη, του είπε, να σε βάλω στο Κονσερβατόριο, να γίνεις μεγάλος!

– Ναι ... μα ο πατέρας μου; ψιθύρισε ο νέος.

– Εγώ θα του μιλήσω του πατέρα σου!

Και πήγε στο Χρυσομάλλη ο ενθουσιασμένος Ιταλός και του μίλησε. Μα πού ν' ακούσει λόγο ο γέρος – κι ας ήξερε καλούτσικα τα ιταλικά! Καλέ, θεατρίνο θα 'κανε το παιδί του αυτός; ποτέ! Για ούλα τα μιλιούνια του κόσμου! ... Κι όχι μόνο δεν έστειλε τότε τον Άνθιμο στην Ιταλία, αλλά του απαγόρευσε να ξαναπατήσει και στα παρασκήνια.

– Με ρώτησες εμένανε, που πήγες να κάμεις τον κορίστα, ε; του είπε θυμωμένος. Τη φωνή που έχεις, σου την εχάρισε ο Θεός. Δε μπορείς λοιπόν να υπηρετήσεις με τη φωνή σου, παρά το Θεό και την Εκκλησία. Εφινίρισε!

Έτσι ο Άνθιμος, που, αν κι ήταν έξυπνο και ζωηρό παιδί, συνήθιζε ν' ακούει σ' όλα το γέρο, έμεινε στην πατρίδα του και στην Εκκλησία. Ποτέ, αλήθεια, η φωνή του, θείο δώρο, δεν υπηρέτησε τίποτα λαϊκό, κοσμικό, και

und spielten Opern im eleganten Wintertheater der Hauptstadt. Orchester und Männerchor bildete man aus einheimischen Musikanten und Sängern, von denen es damals viele und gute gab. Fast alle besseren Kirchensänger, soweit sie Laien waren, wirkten im Chor der Oper mit, zusammen mit den Italienerinnen des Ensembles.

Einmal gelang es einigen Freunden, ohne Wissen des Alten, Anthimos mitzunehmen. Der angehende Kirchensänger, der Dilettant sozusagen, der ehrenamtlich im Chor der Phaneromeni-Kirche aushalf, das Kyrie und die Epistel sang, war damals Schüler des Gymnasiums, fünfzehn Jahre alt. Seine kräftige und volle Tenorstimme beeindruckte die italienischen Künstler, und einer von ihnen – der Bassist wahrscheinlich, der Tenor natürlich nicht – setzte alle Hebel in Bewegung, daß Anthimos mit nach Italien genommen würde.

«Komm mit nach Neapel», sagte er zu ihm «daß ich dich aufs Konservatorium bringe und du eine Berühmtheit wirst!»

«Ja . . . aber mein Vater?» murmelte der Junge.

«Ich werde mit deinem Vater sprechen!»

Der begeisterte Italiener ging zu Chrysomallis und redete mit ihm. Aber wie hätte der Alte seine Rede verstehen können – wenn er auch gut genug Italienisch konnte! Also, einen Theatermenschen sollte er sein Kind werden lassen? Niemals! Nicht für alles Geld der Welt! . . . Und nicht nur, daß er den Anthimos nicht nach Italien schickte, er verbot ihm sogar noch einmal seinen Fuß hinter die Kulissen zu setzen.

«Hast du mich gefragt, als du hingegangen bist, um als Chorist mitzuwirken?» sagte er zornig. «Die Stimme, die du hast, hat dir Gott geschenkt. Du kannst also mit deiner Stimme nur Gott und der Kirche dienen. Schluß!»

Anthimos war zwar ein kluger und lebhafter Junge, aber er war gewohnt, dem Alten zu gehorchen; also blieb er in seiner Heimat und in seiner Kirche. Und wirklich, seine Stimme, dieses göttliche Geschenk, hat niemals etwas Welt-

στις καντάδες ακόμα, τις φημισμένες εκείνες του νησιού, που ξετρέλαιναν τις κοπέλες, δύσκολα και σπάνια λάβαινε μέρος. Στις εκκλησιές όμως δεν είχε καμιά δυσκολία. 'Οχι μόνο η Φανερωμένη, όπου πήγαινε τακτικά, μα κι όλες οι άλλες, όταν είχαν πανηγύρι, τον έβρισκαν ολοπρόθυμο να βοηθάει.

Είχε γίνει σωστό παπαδοπαίδι που δεν του έλειπαν παρά τα ράσα. Και μια Κυριακή, καλύτερη από την πρώτη, πριν βγάλει ακόμα το Γυμνάσιο, ο παπα-Στουπάθης της Φανερωμένης του τα 'βαλε κι αυτά. Ο 'Ανθιμος ήταν τώρα αμπάτες, όπως έλεγαν στο νησί τους αναγνωστες.

Πέρασαν λίγα χρόνια. Ο 'Ανθιμος είχε πάρει το απολυτήριό του κι είχε ξεσκολήσει την εκκλησιαστική μουσική, κρητική και πολίτικη – ευρωπαϊκή και βυζαντινή – με τον καλύτερο δάσκαλο του τόπου. Ο πρώτος ψάλτης του παπα-Ζήσιμου του Κλοντηρά, στον Αη-Γιάννη, του 'φυγε ξαφνικά, δυσαρεστημένος από μια παρατήρηση που του 'καμε – με το δίκιο του – ο εφημέριος στη μέση της λειτουργίας. Κι ο παπα-Κλοντηράς, που 'χε στην καρδιά του τη φωνή του 'Ανθιμου, ωφελήθηκε από την ευκαιρία για να τον πάρει στην Εκκλησιά του. Δεν ήταν και τόσο εύκολο. Γιατί κι ο θυμωμένος ψάλτης μετάνιωσε και γύρευε να ξαναγυρίσει, κι ο 'Ανθιμος ήταν τώρα από τους ακριβούς ψαλτάδες, κι οι επίτροποι του φτωχού 'Αη-Γιάννη δεν είχαν μπόλικα για να ξοδεύουν. Ο παπα-Ζήσιμος όμως, που η μανία του ήταν να τα 'χει όλα στην εντέλεια η Εκκλησία του, χάλασε τον κόσμο να τα συμβιβάσει. Κατάφερε τον 'Ανθιμο να δεχτεί κάτι λιγότερο, κατάφερε τους επιτρόπους να δώσουν κάτι παραπάνου, θυσίασε κι αυτός ένα μέρος του «κεριού» του για το ισοζύγιο. Κι έτσι μια καλή Κυριακή, στον 'Αη-Γιαννη, βρέθηκαν όλοι ευχαριστημένοι και χαρούμενοι: Κι οι επίτροποι που καμάρωναν στο παγκάρι τους, κι ο παπα-Ζήσιμος, κι η παπαδιά, κι η Σουζάννα – γιατί η χαρά του παπά ήταν

lichem, Profanem gedient; selbst bei den Ständchen, die auf der Insel berühmt waren und die Mädchen verrückt machten, wirkte er nur mit Bedenken und ganz selten mit. Bei den Kirchen aber gab es nie eine Schwierigkeit. Nicht nur die Phaneromeni-Kirche, die er regelmäßig besuchte, auch die anderen, wenn sie ihr Kirchenfest hatten, fanden ihn immer bereit auszuhelfen. Er war ein richtiges Pfarrerkind geworden, dem nur noch der schwarze Rock fehlte. Und mit diesem bekleidete ihn, noch bevor er das Gymnasium abgeschlossen hatte, Pfarrer Stoupathis von der Phaneromeni-Kirche an einem noch schöneren Sonntag. Anthimos war jetzt «Abate», wie man auf der Insel die Vorleser nannte.

Einige Jahre vergingen. Anthimos hatte sein Abschlußzeugnis bekommen. Die Kirchenmusik, sowohl die Schule von Kreta wie die von Konstantinopel – die westliche und die byzantinische – hatte er gründlich beim besten Lehrer des Ortes gelernt. Da ging der erste Sänger des Pfarrers Sisimos Klondiras an der Johanneskirche plötzlich weg, verärgert wegen eines Vorwurfs, den ihm der Pfarrer – mit Recht – während eines Gottesdienstes gemacht hatte. Pfarrer Klondiras, dessen Herz der Stimme des Anthimos zugetan war, nahm die Gelegenheit wahr, ihn an seine Kirche zu holen. Es war allerdings nicht einfach. Der zornige Sänger bereute und wollte zurück, und Anthimos gehörte jetzt zu den teuren Kirchensängern, und der Vorstand der armen Johanneskirche hatte das Geld nicht im Überfluß. Pfarrer Sisimos jedoch, dessen Leidenschaft es war, in seiner Kirche alles aufs Vollkommenste einzurichten, setzte Himmel und Hölle in Bewegung, um zu vermitteln. Er bekam den Anthimos dazu, ein bißchen weniger zu nehmen, er brachte den Kirchenvorstand so weit, ein bißchen mehr zu geben, und er selbst opferte als Ausgleich einen Teil des Kerzengeldes. So fanden sich an einem schönen Sonntag alle glücklich und zufrieden in der Johanneskirche: Die Kirchenvorsteher, stolz in ihrer Bank, Pfarrer Sisimos, die Pfarrersfrau, Susanna – des Pfarrers

και δική τους – κι ο γερο-Χρυσομάλλης, κι οι ενορίτες, και περισσότερο ίσως απ' όλους ο ίδιος ο 'Ανθιμος, ο καινούργιος ψάλτης κι υποτακτικός του παπα-Ζήσιμου.

Γιατί, θα πείτε, αφού έφευγε από Εκκλησιά πλουσιότερη; Α! τον 'Ανθιμο δεν τον ένοιαζε γι' αυτό! Με πέντε τάληρα το χρόνο λιγότερο, δε θα φτώχαινε βέβαια· κι έπειτα ο ηθικός μισθός τον αποζημίωνε με το παραπάνου. Ο 'Αη-Γιάννης ήταν Εκκλησιά πιό ελκυστική, πιό συχναζούμενη, προπάντων από τον καιρό που εφημέρευε εκεί ο σεβάσμιος παπα-Ζήσιμος, ο κοσμαγάπητος, ο δραστήριος, ο φιλόκαλος, ο έμπειρος – ένας από τους λίγους που ήξεραν να βαστούν Εκκλησιά. 'Ετσι και τον 'Αη-Γιάννη, τον παραμελημένο πρώτα, τον ξανάνιωσε, τον έβαψε, τον χρύσωσε, τον καταστόλισε, κρέμασε κάτω από τ' ασημένια καντήλια αστεράκια χρυσά, περιποιήθηκε τον κήπο, συγύρισε το κελλί, έβαλε διαλεχτό προσωπικό κι έκανε κάτι «τελετές» που ήταν «σαν Πατριαρχείο». Εκεί – μέσα λοιπόν η φωνή και η τέχνη του 'Ανθιμου θα έλαμπαν περισσότερο· κι ακόμα τον εσύμφερε που θα 'κανε τη μαθητεία του για παπάς κάτω από ένα τόσο πολύτιμο δάσκαλο σαν τον παπα-Ζήσιμο.

Γι' αυτό ήταν τόσο ευχαριστημένος με την καινούργια του θέση, όπως ήταν κι ο πατέρας του, αφού του εξήγησε όλα της τα προτερήματα. Για το νέο όμως αναγνώστη, είχε και κάποιο άλλο, κρυφό, μα μεγαλύτερο ίσως απ' όλα: τη Σουζάννα. Μήπως δεν ήταν η πιο όμορφη παπαδοπούλα; αφού σκοπός του ήταν να γίνει παπάς, μια παπαδοπούλα δεν ταίριαζε φυσικά να διαλέξει για γυναίκα του; Λοιπόν, ποια άλλη θα έβρισκε καλύτερη από τη Σουζάννα, και τι καλύτερο πεθερό, για υποστήριξη, από τον παπα-Ζήσιμο, τον σεβάσμιο, που το λόγο του τον άκουγε κι ο Δεσπότης;

'Εφτανε γι' αυτό να τον συμπαθούσε λιγάκι το κορίτσι. Ε, δύσκολο, ήταν; Γιατί τάχα ... Νέος ήταν – μόνο τρία – τέσσερα χρόνια μεγαλύτερός της – όμορφος και, για ένα

Freude war auch ihre eigene – der alte Chrysomallis und die Gemeinde und vielleicht am allermeisten Anthimos selbst, der neue Kirchensänger und Untergebene des Pfarrers Sisimos.

Warum, werdet ihr sagen, wo er doch von einer reicheren Kirche weggegangen war. Das kümmerte Anthimos nicht. Mit fünf Silberstücken weniger im Jahr wurde er kaum ärmer, und so entschädigte ihn der ideelle Gewinn mehr als genug. Die Johanneskirche war viel anziehender und besser besucht, vor allem seit der ehrwürdige Pfarrer Sisimos dort Dienst tat, der Vielgeliebte, der Tüchtige, der Erfahrene, der für alles Gute so eifrig war – einer von den wenigen, die eine Kirche zu führen wußten. Es hatte auch die bisher vernachlässigte Johanneskirche wieder neu gemacht, gestrichen, vergoldet, geschmückt. Er hängte goldene Sternchen unter die silbernen Öllampen, pflegte den Garten, räumte das Pfarrhaus auf, stellte ausgewählte Hilfskräfte ein und feierte Feste wie am Hof des Patriarchen. Hier würden daher Stimme und Kunst des Anthimos mehr glänzen, und dazu hätte er noch den Vorteil, seine geistliche Lehrzeit unter einem so vortrefflichen Lehrer wie Pfarrer Sisimos zu machen.

Deswegen war er sehr zufrieden mit seiner neuen Stelle, und auch sein Vater war es, nachdem Anthimos ihm alle Vorzüge erläutert hatte. Für den jungen Vorleser gab es jedoch einen anderen, geheimen Vorteil, der größer war als alle anderen: Susanna. War sie nicht die schönste Pfarrerstochter? Da es sein Ziel war, Pfarrer zu werden, wäre es da nicht passend, eine Pfarrerstochter zur Frau zu wählen? Wie könnte er eine bessere finden, als Susanna? Wie einen besseren Schwiegervater als Fürsprecher als den Pfarrer Sisimos, den Ehrwürdigen, auf dessen Wort sogar der Bischof hörte?

Es brauchte nichts weiter, als daß das Mädchen ein wenig Gefallen an ihm fände. Sollte das so schwierig sein? Warum eigentlich? Jung war er – nur drei oder vier Jahre älter als

ρασοφόρο, κομψευόμενος πολύ. Το ξώρασό του μαύρο, γυαλιστερό· το ράσο του καφετί, πάντα της ώρας· το ζουνάρι του πλούσιο, από βυσσινί βελούδο· το ρεξίνι του – ο σκούφος – μικρούλι, νόστιμο, πάνω στα καστανά, άφθονα, σγουρά μαλλιά του· τα παπούτσια του καθρέφτες κι η ομπρέλα του με χερούλι από άσπρο κόκαλο. Δεν το 'κανε τώρα για τη Σουζάννα, παρά ήταν το φυσικό του· του άρεσε πάντα να είναι καλοντυμένος. Και δεν είχε πάνω του τίποτα το καλογερίστικο. Έξυπνος, σβέλτος, γλυκομίλητος, ευγενικός, με μάτια που 'βγαζαν σπίθες, ήζερε να γίνεται ευχάριστος σ' άντρες και σε γυναίκες, και τα κορίτσια που τον έβλεπαν με τα ράσα έλεγαν: «κρίμα στο νέο!»

«Κρίμα στο νέο!», έλεγε μαζί με τις άλλες κι η Σουζάννα, μα τίποτα παραπάνου. Τον είχε πάρει, ναι, από καλό μάτι τον υποτακτικό του πατέρα της, της άρεσε να τον ακούει να ψάλλει, και μάλιστα στον Άη-Γιάννη της, σήκωνε τα μάτια της κατά τον ουρανό μ' έκφραση μεγάλου θαυμασμού όταν μιλούσε για τη φωνή του, μα κατά βάθος ... αγρόν ηγόραζε. Πέρασαν μήνες ολόκληροι, χωρίς να καταλάβει την κλίση του αναγνώστη· ή, κι αν την κατάλαβε, καμώνονταν την ανίδεη και εξακολουθούσε να του μιλεί μ' όλη την ελευθερία, το θάρρος και την αφέλεια. Και φυσικά, είχαν μεταξύ τους μεγάλη σχέση και οικειότητα, γιατί πολλές ώρες, κάθε μέρα, ο Άνθιμος τις περνούσε στην εκκλησιά, στο κελλί ή στον κήπο της εκκλησιάς βοηθώντας τον παπα-Ζήσιμο σε όλα – ακόμα και στο πότισμα των λουλουδιών – ή απλώς φλυαρώντας με την αγαθή οικογένεια και με τους φίλους της.

Η Σουζάννα τον θωρούσε έτσι σαν αδελφό. Άνδρας με ράσα – το είπαμε – δεν της έκανε την εντύπωση ανδρός. Ποτέ δε θα μπορούσε να τον αγαπήσει. Θα της φαινότανε μάλιστα κι αστείο. Γι' αυτό, δυο-τρεις φορές που ριψοκινδύνευσε ο Άνθιμος να της πει κάτι διφορούμενα, η Σουζάννα γέλασε με την καρδιά της. Μα

sie – hübsch und für einen Soutanenträger recht elegant. Sein äußeres Habit schwarz und glänzend; das innere bräunlich und immer frisch; der Gürtel reich aus dunklem, violetten Samt; das Käppchen klein und hübsch auf dem braunen, üppigen Kraushaar.

Die Schuhe auf Hochglanz und der Schirm mit weißem Horngriff. Er machte das nicht erst jetzt, Susannas wegen; es war seine Art. Er wollte immer gut gekleidet sein. Er hatte nichts Mönchisches an sich. Klug, lebhaft, liebenswürdig, höflich, mit glühenden Augen, wußte er sich angenehm zu geben bei Männern und Frauen; die Mädchen, die ihn im schwarzen Rock sahen, sagten: Schade um den jungen Mann!

«Schade um den jungen Mann», sagte gleich den anderen Mädchen auch Susanna, aber nichts weiter. Er war ihr angenehm, der neue Untergebene ihres Vaters, sie hörte ihn gern singen, vor allem in ihrer Johanneskirche. Mit dem Ausdruck großer Bewunderung blickte sie zum Himmel, wenn sie von seiner Stimme sprach, aber ansonsten ... ließ er sie kalt. Etliche Monate vergingen, ohne daß sie die Zuneigung des Vorlesers bemerkte, oder falls sie sie bemerkte, spielte sie die Unwissende und sprach weiterhin mit ihm in aller Freiheit, Zutraulichkeit und Ungezwungenheit. Dabei hatten sie miteinander eine enge Verbindung und Vertrautheit, da Anthimos täglich viele Stunden in der Kirche, im Pfarrhaus oder im Garten der Kirche verbrachte und dem Pfarrer Sisimos in allem zur Hand ging, sogar beim Blumengießen, oder auch einfach mit der freundlichen Familie und deren Freunden plauderte.

Susanna betrachtete ihn wie einen Bruder. Ein Mann im schwarzen Rock, wie gesagt, beeindruckte sie nicht als Mann. Nie hätte sie sich in ihn verlieben können. Geradezu komisch hätte sie das gefunden. Und deswegen lachte sie von ganzem Herzen, als Anthimos es zwei- oder dreimal wagte, anzügliche Bemerkungen zu machen. Doch der Sohn des

ο γιός του Χρυσομάλλη δεν ήταν από κείνους που απελπίζονται γρήγορα.

Μπα, συλλογίοτηκε, θα την καταφέρω.

Κι όμως πέρασε ο πρώτος χρόνος, άρχισε ο δεύτερος και δεν την είχε «καταφέρει» ακόμα. Ούτε ίσως θα την κατάφερνε ποτέ, στον αιώνα τον άπαντα, αν δεν του συνέβαινε κάποιο «δυστύχημα». Ο αναγνώστης έκλεισε τα εικοσιένα και κληρώθηκε να πάει στρατιώτης!

Ο φτωχός λογάριαζε πως θα το αποφύγει, γιατί ως τότε, όλων των ειδών και βαθμών οι ρασοφόροι ήταν εξαιρεμένοι. Επειδή όμως εκείνο το χρόνο ήταν γενική επιστράτευση και, για να γλιτώσουν μερικοί τα βάσανα, άφηναν τα μαλλιά τους και τυλίγονταν προσωρινώς σ' ένα ράσο αναγνώστη, χωρίς να 'χουν κανένα σκοπό να γίνουν και παπάδες, η Κυβέρνηση αποφάσισε να φανεί αμείλικτη. Δεν εξαιρούνται, είπε, παρά οι χειροτονημένοι, από διάκο και πάνω· οι άλλοι όλοι είναι υπόχρεοι.

Ο γερο-Χρυσομάλλης έτρεξε στο Δεσπότη, στο Δήμαρχο, στο βουλευτή του· του υποσχέθηκαν όλοι να ενεργήσουν, μα δεν έκαμαν τίποτα. Κι ο παπα-Ζήσιμος χάλασε τον κόσμο. Είχε μάλιστα την αφέλεια να πιστεύει, πως άμα ορκιζόταν αυτός «στην τιμή του σαν ιερέας», πως ο υποτακτικός του δεν ήταν «από τους ψεύτικους», θα του τον άφηναν. Αλλά ποιος ν' ακούσει! Και την ίδια μέρα που παρουσιάστηκε στο Συμβούλιο ο 'Ανθιμος, τον κράτησαν, του 'κοψαν τα μαλλιά, του πέταξαν τα ράσα και του φόρεσαν τη στολή. Θα τον γύμναζαν, μαζί με τους νεοσύλλεκτους, στον τόπο κι από κει, αν ήταν ανάγκη, θα τον έστελναν στα σύνορα.

Ο παπα-Ζήσιμος είχε γίνει σκυλί.

– Μ' αυτό είναι άνω ποταμών! φώναζε. Αυτούς, τους στρατιώτες του Χριστού, δεν έπρεπε να τους παίρνουνε! Τι θα γίνει λοιπόν το δικό μου στράτευμα; Θα μείνουμε, παναπεί, μοναχοί μας, οι αξιωματικοί; Ορίστε τώρα εγώ, χάνω τον καλύτερό μου βοηθό, το δεξί μου χέρι! Πώς θα

Chrysomallis war keiner von denen, die schnell verzweifeln.

Nun dachte er, ich werde sie schon herumkriegen.

Das erste Jahr verging, das zweite hatte begonnen, und er hatte sie immer noch nicht herumgekriegt. Vielleicht hätte er sie nie, nicht einmal in hundert Jahren, umgestimmt, wäre ihm nicht ein Mißgeschick zugestoßen. Der Vorleser war 21 Jahre alt geworden und wurde zum Militär einberufen!

Der Arme meinte, daß er dem entgehen würde, da bis zu diesem Zeitpunkt alle Arten und Ränge von Soutanenträgern befreit waren. In jenem Jahr war aber eine allgemeine Mobilmachung, und viele ließen, um den Unannehmlichkeiten zu entgehen, ihre Haare wachsen und schlüpften vorübergehend in das Habit eines Vorlesers, ohne die geringste Absicht zu haben, Pfarrer zu werden. Da beschloß die Regierung durchzugreifen. Befreit sind, sagte sie, nur die Ordinierten vom Diakon aufwärts. Alle anderen sind wehrpflichtig.

Der alte Chrysomallis rannte zum Bischof, zum Bürgermeister, zum zuständigen Abgeordneten. Alle versprachen, etwas zu unternehmen, taten aber nichts. Pfarrer Sisimos setzte alle Welt in Bewegung. Er war naiv genug zu glauben, er brauche nur zu schwören – bei seiner Priesterehre – daß sein Untergebener «keiner von den Falschen» sei, und man würde ihn ihm lassen. Aber niemand ging darauf ein. Am selben Tag, da Anthimos beim Bezirkskommando antrat, behielt man ihn gleich da, schnitt ihm die Haare, zog ihm das geistliche Gewand aus und die Uniform an. Man wollte ihn, zusammen mit den Neurekrutierten an Ort und Stelle ausbilden und dann, wenn nötig, zur Grenze schicken.

Pfarrer Sisimos schäumte vor Wut.

«Das ist unerhört!» schimpfte er. «Die Soldaten Christi hätten sie nicht nehmen dürfen. Was soll denn jetzt aus meiner Armee werden? Sollen wir Offiziere jetzt etwa allein bleiben? Schaut mich an! Ich verliere meinen besten Gehilfen, meine rechte Hand. Wie soll meine Kirche so lange

πορευθεί τόσον καιρό η εκκλησία μου χωρίς Άνθιμο; Και καλά αν δεν γίνει πόλεμος. Αμή αν γίνει και μου τον στείλουνε τον καψερό στα σύνορα; ... Α, μπα! μπα! δεν έπρεπε να παίρνουν και τους στρατιώτες του Χριστού!...

Αυτά ο παπα-Ζήσιμος τα φώναζε στον κήπο – για εκατοστή φορά – το δειλινό της ίδιας ημέρας που παρουσιάστηκε ο Άνθιμος, εις επήκοον της παπαδιάς, της Σουζάννας, του Γιάννη του καμπανάρου και του φίλου του του Γερόλυμου, που είχε περάσει να τον πάρει, να πάνε περίπατο. Όλοι ήταν καταστενοχωρημένοι για τη «συφορά», κι άφωνοι επιδοκίμαζαν με κινήματα του κεφαλιού και με μορφασμούς τα παράπονα του παπά. Άξαφνα, από την κουζίνα του κελλιού, που έβγαζε στον κήπο, ακούστηκε μια γλυκιά φωνή να τραγουδεί, με αστείο ύφος, πολεμόχαρο τάχα κι αρειμάνιο, το τραγούδι της μόδας στον ήχο της περίφημης τότε ιταλικής «μάρτσια-Μασσάβα»:

Στα σύ-νορά! στα σύ-νορά!
Εκεί που εί-εί-εί-στα δύο
Εκόψαν το ανδρείο
Της Μάνας μας κόρ-μί!

Και με το «κορμί!» πετιέται έξω με ορμή και στόπ! στέκεται σε προσοχή, χαιρετώντας στρατιωτικά, ένας χαριτωμένος φανταράκος.

Ήταν ο Άνθιμος.

– Μπα!... τα 'βαλε κιόλα;!

Σηκώθηκαν, έτρεξαν, τον περιστοίχισαν, τον κοίταξαν από κοντά ... κι έμειναν καταγοητευμένοι. Η εμφάνιση αυτή τους έκαμε για μια στιγμή να τα ξεχάσουν όλα. Μα τι ωραίος, αλήθεια, τι ωραίος! Ποτέ δεν φαντάζονταν πως από έναν αναγνώστη θα 'βγαινε τέτοιος στρατιώτης. Σίγουρα ήταν πιο καλός για στρατιώτης του Βασιλιά παρά για στρατιώτης του Χριστού! Τι κορμί, τι μεσούλα, τι λεβεντιά, τι ασικλίκι. Κι η στολή έτυχε να του πηγαίνει

ohne Anthimos auskommen? Wenn es wenigstens keinen Krieg gibt! Wenn aber das geschieht und sie mir den Armen auch noch an die Grenze schicken ...! Nein, nein, die Soldaten Christi hätten sie nicht nehmen dürfen ...!»

All dies rief Pfarrer Sisimos zum hundertsten Mal im Garten – am Abend des Tages, da Anthimos bei ihnen erschien. Die Pfarrersfrau, Susanna, der Glöckner Jannis, sein Freund Gerolymos, der vorbeigekommen war, um mit dem Pfarrer einen Spaziergang zu machen, sie alle sollten es hören. Sie alle waren beklommen wegen des Unglücks und bejahten wortlos mit Kopfbewegungen und Grimassen das Gejammer des Pfarrers.

Da hörte man plötzlich von der Küche des Pfarrhauses aus, die zum Garten hinaus lag, eine wohllautende Stimme in fröhlichem Tone, kriegerisch und streitbar das Modelied nach der Melodie des damals berühmten italienischen Massava-Marsches singen:

Zur Grenze! Zur Grenze!
Dorthin,
wo sie entzweit haben
unserer Mutter tapferen Körper!

Bei dem Wort «Körper» springt schwungvoll heran und macht «Halt», steht stramm und grüßt militärisch: ein schmucker Soldat.

Es war Anthimos.

Ah ... Er hat sie schon an!

Sie standen auf, rannten auf ihn zu, umringten ihn, betrachteten ihn aus der Nähe ... und waren entzückt. Diese Erscheinung ließ sie für einen Augenblick alles vergessen. Wie schön er war, wahrhaftig, wie schön! Nie hätten sie für möglich gehalten, daß aus einem Vorleser ein solcher Soldat werden könne. Als Soldat des Königs war er sicherlich viel hübscher denn als Soldat Christi! Welch ein Körper, welche Taille, welch eine Statur, wie fesch. Es fügte sich, daß die

καλά, και το μουτράκι του, χωρίς γένια και χωρίς μαλλιά, με το πηλήκιο στραβά φορεμένο, φάνταζε πολύ πιο όμορφο. Α, μα ήταν μια χαρά, μια τζόγια. Κι ο παπάς τον καμάρωσε, κι η παπαδιά τον έφτυσε να μη βασκαθεί, κι ο Γιάννης ο καμπανάρος άνοιξε το στόμα του τόσο, κι ο Γερόλυμος, ο φίλος, έβγαλε γελαστός την ταμπακέρα του και πήρε μια καλή πρέζα ταμπάκο, για να διπλασιάσει την ευχαρίστηση.

'Αμ, η Σουζάννα; τι έκαμε η Σουζάννα;

Απλούστατα, αυτή τον αγάπησε.

Μάλιστα. Από τη στιγμή εκείνη, οι ιδέες της όμορφης παπαδοπούλας πήραν κουτρουβάλα. Ο 'Ανθιμος με τα στρατιωτικά ήταν γι' αυτή μια αποκάλυψη. Τον είχε ως τώρα για ένα πλάσμα ουδέτερο, αλλόκοτο, μισό γυναίκα και μισό γέρο – γιατί το ράσο του 'κρυβε ακόμα και τα νιάτα – κι άξαφνα τον έβλεπε άντρα σωστό, λεβέντη, παλικάρι. Ποτέ δε φανταζόταν – κι ούτε ήθελε πρώτα να το φαντασθεί – πως κάτω από το μαύρο εκείνο βελέσι μπορούσε να κρύβεται ένα τέτοιο ωραίο αντρίκιο κορμί. Και νάτο τώρα! Μα το Θεό, κανένας από τους αξιωματικούς, που έβλεπε στον αντικρινό στρατώνα της Χωροφυλακής, δεν ήταν πιο άντρας από τον 'Ανθιμο. Απορούσε κι η ίδια πώς δεν το μάντεψε ως τώρα. Μα τον 'Ανθιμο δεν τον είχε δει ποτέ της παρά σαν αμπάτε· με τα δόλια τα ράσα τον πρωτογνώρισε και ξέρουμε πια την προκατάληψή της και την ειδική της την αντιπάθεια για το παπαδολάσι.

Ε, από την αποκαλυπτική εκείνη ημέρα, στα διφορούμενα του φανταράκου, πιο τολμηρά τώρα, ίσως εξαιτίας της στολής, η μικρή Σουζάννα αποκρινότανε με τα ίδια ... Δε θεωρούσε πια τον 'Ανθιμο σαν αδελφό ... Τα λόγια της, και πολύ περισσότερο ο τρόπος της κι οι ματιές της, του 'διναν μεγάλες ελπίδες ... Και τόση ήταν γι' αυτό η χαρά του, ώστε η περιπέτεια του «στρατιωτικού», το «δυστύχημά» του, δεν του 'κανε πια εντύπωση.

– Δε βαριέσαι! έλεγε στον πατέρα του που το φυσούσε

Uniform ihm gut stand; sein Gesicht ohne Bart und ohne die langen Haare und mit schief aufgesetztem Mützchen erschien viel hübscher. Ah, er war eine Freude, eine Wonne. Der Pfarrer betrachtete ihn stolz, die Pfarrersfrau sprach die Beschwörung gegen den bösen Blick, der Glöckner Jannis sperrte den Mund weit auf, und Freund Gerolymos zog seine Tabaksdose heraus und nahm eine kräftige Prise, um den Genuß zu verdoppeln.

Und Susanna? Was tat Susanna?

Ganz einfach. Sie verliebte sich.

Jawohl. Von diesem Augenblick an purzelten die Grundsätze der schönen Pfarrerstochter. Anthimos in Uniform war eine Offenbarung für sie. Bisher hatte sie in ihm ein geschlechtsloses Wesen gesehen, eigentümlich, halb Frau und halb Greis – da das Habit auch die Jugend verbarg –, und plötzlich sah sie ihn als richtigen Mann, stattlich und schneidig. Nie hatte sie sich vorgestellt – und hatte es sich auch nicht vorstellen wollen –, daß sich hinter diesem Halbrock ein schöner männlicher Körper verbergen könne. Und jetzt schau ihn dir an! Bei Gott, keiner von den Offizieren, die sie in der gegenüberliegenden Polizeikaserne sah, war mehr Mann als Anthimos. Sie wunderte sich selber, daß sie es bisher nicht geahnt hatte. Aber sie hatte bis jetzt den Anthimos nur als Abate gesehen, in dem unglückseligen schwarzen Rock hatte sie ihn kennengelernt, und wir kennen ja schon ihre Voreingenommenheit und besondere Abneigung gegen den geistlichen Stand.

Seit diesem Tag der Wahrheit ging die kleine Susanna auf die jetzt – vielleicht wegen der Uniform – gewagteren Anzüglichkeiten des Soldaten ein... Sie betrachtete Anthimos nicht mehr als Bruder... Ihre Worte und noch mehr ihr Betragen und ihre Blicke machten ihm große Hoffnungen... Er freute sich so über alle Maßen, daß sein militärisches Abenteuer, sein Unglück, ihn gar nicht mehr beeindruckte.

«Laß gut sein!» sagte er zu seinem Vater, der sich im-

και δεν κρύωνε· της τύχης μας ήταν να το υποστούμε κι αυτό. Μπόρα είναι και θα περάσει.

Φαιδρότατος πάντα, με το τραγούδι στο στόμα, γύριζε από τα γυμνάσια στον 'Αη-Γιάννη. Ακούραστος, βοηθούσε τον παπα-Ζήσιμο σ' όλα, σαν πρώτα, και τις Κυριακές βρισκότανε στο στασίδι του, μ' όλη τη στολή του, κι έψελνε σαν πρώτα και καλύτερα ... 'Ηταν, αλήθεια, λιγάκι αστείο να βλέπεις στο στασίδι του ψάλτη ένα φαντάρο, που τον ήξερες μάλιστα ως χθές αναγνώστη. Αλλά κανένας ενορίτης δε συλλογίστηκε να γελάσει γι' αυτό. 'Ολοι συμπαθούσαν τόσο πολύ τη φωνή του 'Ανθιμου και τον ίδιο, ώστε η «περιπέτειά» του τους επίκραινε κι εκείνους όσο σχεδόν και τον παπά. Κι έτσι έβρισκε την ευκαιρία και την ικανοποίηση ο παπα-Ζήσιμος – άλλος πάλι που το φυσούσε και δεν κρύωνε – να κάνει τα παράπονά του την ώρα που μοίραζε το αντίδωρο.

– Μα δεν έπρεπε οι ευλογημένοι να παίρνουν και τους στρατιώτες του Χριστού! Και καλά αν ησυχάσουν τα πράματα· αμή αν γίνει πόλεμος και μου τον στείλουνε στα σύνορα;

Κι απ' όλους πια άκουγε, πως είχε το μεγαλύτερο δίκιο του κόσμου.

Ευτυχώς που οι φόβοι του παπα-Ζήσιμου βγήκαν μάταιοι. Πόλεμος δεν έγινε κείνη τη φορά κι ο 'Ανθιμος, αφού έκαμε τους τρεις του μήνες στον τόπο, απολύθηκε μαζί με τους άλλους. 'Ετσι ξαναφόρεσε τα ράσα κι άφησε τα μαλλιά του να μακρύνουν. Στρατιώτης πάλι του Χριστού.

Τι; μήπως είχε καμιά απογοήτευση τώρα η Σουζάννα, που τον ωραίο της φανταράκο τον ξανάβλεπε αναγνώστη; 'Οχι, μη φοβάστε! Πάει πια, τα μάγια είχαν λυθεί ... τον είχε αγαπήσει. 'Οχι με ράσα, μα και με τρίχινο σάκο ασκητή μα και με κουρέλια ζητιάνου να τον έβλεπε, ω, τώρα θα της άρεσε το ίδιο. Είχε φτάσει στο σημείο που δε λογαριάζει κανένας τ' απέξω του ανθρώπου, παρά τ'

mer noch nicht beruhigen konnte. «Unser Schicksal ist, daß wir es ertragen. Es ist ein Unwetter, und das geht vorbei.»

Immer freudestrahlend, mit einem Lied auf den Lippen, kehrte er von seinen Übungen zur Johanneskirche zurück. Wie früher half er Pfarrer Sisimos unermüdlich bei allem und an den Sonntagen fand er sich in voller Uniform im Chorstuhl ein und sang genauso wie früher, wenn nicht noch besser. Es war wirklich ein bißchen komisch, im Chorstuhl einen Soldaten zu sehen, den man bis gestern als Vorleser kannte. Aber keinem Gemeindemitglied kam es in den Sinn, darüber zu lachen. Alle mochten die Stimme des Anthimos und ihn selber und sein Abenteuer verbitterte sie fast ebenso sehr wie den Pfarrer. Und so nahm Pfarrer Sisimos, der sich ja auch immer noch nicht beruhigen konnte, die Gelegenheit wahr und hatte die Genugtuung, seinen Unmut zu äußern, während er das geweihte Brot austeilte.

«Diese Elenden hätten nicht auch noch die Soldaten Christi nehmen sollen. Wenn sich wenigstens die Lage beruhigt...! Wenn es aber Krieg gibt und sie ihn mir an die Grenze schicken...!»

Und von allen Seiten bekam er zu hören, wie recht er hatte.

Glücklicherweise waren die Ängste des Pfarrers Sisimos unbegründet. Zum Krieg kam es diesmal nicht und Anthimos wurde, nachdem er seine drei Monate am Ort hinter sich gebracht hatte, mit den anderen entlassen. Er trug wieder das geistliche Gewand und ließ seine Haare wachsen. Er war wieder Soldat Christi!

Wie? War Susanna, die ihren schönen Soldaten wieder als Vorleser sah, jetzt etwa enttäuscht? Nein, keine Angst! Das war vorbei. Der Bann war gebrochen. Sie liebte ihn. Nicht nur im schwarzen Rock, sogar im härenen Gewand des Asketen oder in den Lumpen des Bettlers, wenn sie ihn so träfe, würde er ihr jetzt gefallen. Sie war an dem Punkt angelangt, wo das Äußere eines Menschen nicht mehr zählt, sondern

απομέσα· όχι τα ρούχα, ούτε καν το σώμα, παρά την ίδια την ψυχή … Άργησε να φτάσει η Σουζάννα, μα έφτασε. Κι ο Άνθιμος μπορούσε να είναι τώρα ήσυχος πως τον αγαπούσε με τα σωστά της.

Όταν νόμισε πως ήρθε ο καιρός «για να γίνει», το είπε του πατέρα του, κι ο γερο – Χρυσομάλλης, συμφωνότατος, το είπε του Γερόλυμου και τον παρακάλεσε να κάνει με τρόπο την πρόταση στο κελλί.

– Α, μπα! μακρύα από ράσο! είπε ο παπα-Ζήσιμος ευθύς.

– Α, μπα! μακρύα από ράσο! είπε κι η παπαδιά. Πάλι … ξέρω κι εγώ; να δούμε τι λέει κι η Σουζάννα.

Αλλά φαντασθείτε την έκπληξή τους, όταν άκουσαν τη Σουζάννα να λέει εκείνο το θαυμάσιο:

– Η μάνα μου δεν είναι παπαδία; Ε, κι εγώ παπαδία θα γένω.

Μωρή καλή – μωρή κακή!; … Τίποτα! το τριανταφυλλένιο πεισματάκι της ξανθής Σουζάννας, της μονάκριβης, δεν ήξερε άλλη απάντηση απ' αυτή.

… Ήταν κάποιες ιδέες που περίζωναν σαν τείχος την οικογένεια του παπα-Ζήσιμου του Κλοντηρά. Ε, στο τείχος αυτό ο Έρωτας έκαμ' ένα ρήγμα. Ήταν πολύ αρκετό για να περάσει από κει ο Άνθιμος, μ' όλα του τα ράσα, και να μπει κατακτητής στην οικογένεια. Η Σουζάννα θα τον βοηθούσε, θα τον τραβούσε μέσα μ' όλη της τη δύναμη.

Κι έτσι έγινε, όπως δα γίνεται πάντα, άμα θέλει η νύφη κι ο γαμπρός. Η αντίσταση των γέρων κατανικήθηκε· σ' έξι μήνες ύστερ' από την άφεσή του, ο Άνθιμος ο αναγνώστης αρραβωνιάστηκε τη Σουζάννα του παπά. Όλοι το βρήκαν «φυσικότατο». Εμείς όμως ξέρουμε τώρα, πως το φυσικότατο αυτό δεν θα γινότανε ποτέ, αν ο «στρατιώτης του Χριστού» δεν τύχαινε να γίνει για λίγο «στρατιώτης του Βασιλιά». Δεν είναι παράξενα τα φυσικά της ζωής;

das Innere: Nicht die Kleider, nicht einmal der Körper, nur die Seele selbst ... Lange hatte Susanna dazu gebraucht, aber sie ist dahin gekommen. Anthimos konnte ganz beruhigt sein. Sie liebte ihn richtig.

Als er die Zeit für gekommen hielt, sagte er es seinem Vater. Der alte Chrysomallis war einverstanden und wandte sich an Gerolymos mit der Bitte, den Antrag auf schickliche Weise im Pfarrhaus vorzubringen.

«Ach was, nichts wie weg vom Priesterrock!» sagte Pfarrer Sisimos sofort.

«Nichts wie weg vom Priesterrock!» sagte auch die Pfarrersfrau. «Aber was weiß ich? Laßt sehen, was Susanna sagt!»

Stellt euch ihre Überraschung vor, als sie von Susanna diese erstaunlichen Worte hörten:

«Ist nicht meine Mutter Pfarrersfrau? Also werde ich auch Pfarrersfrau.»

Im Guten ... im Bösen! ... Nichts! Der rosige Eigensinn der blonden Susanna, ihres einzigen Kindes, kannte keine andere Antwort als diese.

Es gab einige Prinzipien, von denen die Familie des Pfarrers Sisimos Klondiras wie von einer Mauer umgeben war. In diese Mauer machte die Liebe einen Riß. Groß genug, daß Anthimos mit seinem Habit durchschlüpfte und als Eroberer in die Familie einzog. Susanna würde ihm helfen und ihn mit ihrer ganzen Kraft hineinziehen.

Und so geschah, was immer geschieht, wenn Braut und Bräutigam wollen. Der Widerstand der Alten wurde besiegt. Sechs Monate nach seiner Entlassung verlobte sich Anthimos, der Vorleser, mit Susanna, der Tochter des Pfarrers. Alle fanden, das sei das Selbstverständlichste der Welt. Wir aber wissen jetzt, daß dieses Selbstverständliche nie stattgefunden hätte, wenn der Soldat Christi nicht für kurze Zeit Soldat des Königs gewesen wäre. Sind sie nicht seltsam, die Selbstverständlichkeiten des Lebens?

Θα 'μουν ακόμα στο δημοτικό, όταν ένας βοσκός ήρθε τρεχαπετάμενος από το χωριό και με πήρε να με πάει στον παππού μου, που ψυχομαχούσε, λέει, και με ζήτησε να μου δώσει την ευκή. Θυμούμαι, κάψα, Αύγουστος μήνας, εγώ πήγαινα καβάλα σ' ένα γαϊδουράκι, πίσω ο βοσκός κρατούσε μια διχαλόβεργα και στην άκρα είχε ένα καρφί και κάθε τόσο νιμάτιζε κι αιμάτωνε το ζο, κι αυτό πονούσε, κλοτσούσε κι έτρεχε. Κι εγώ γύριζα στον αγωγιάτη και τον παρακαλούσα:

– Δεν το λυπάσαι; λυπήσου το, πονάει!

– Οι ανθρώποι μόνο πονούνε, μου αποκρίνουνταν· οι γαϊδάροι είναι γαϊδάροι.

Μα γρήγορα ξέχασα τον πόνο του ζου, γιατί περνούσαμε τώρα από αμπέλια κι ελιές, και τα τζιτζίκια με ξεκούφαιναν. Γυναίκες τρυγούσαν ακόμα κι άπλωναν τα σταφύλια στους οψιγιάδες να γίνουν σταφίδα· μοσκοβολούσε ο κόσμος. Μια τρυγήτισσα μας είδε και γέλασε.

– Γιατί γελάει, Κυριάκο; ρώτησα τον αγωγιάτη, που είχα ωστόσο μάθει τ' όνομά του.

– Τη γαργαλίζουν και γελάει, αποκρίθηκε αυτός κι έφτυσε.

– Ποιοί τη γαργαλίζουν, Κυριάκο;

– Οι δαιμόνοι.

Δεν κατάλαβα, μα τρόμαξα· έκλεισα τα μάτια και βαρούσα με τη γροθιά μου το γαϊδουράκι να περάσουμε γρήγορα, να μη δω τους δαιμόνους.

Σ' ένα χωριό που περάσαμε, μεσόγυμνοι, τριχωτοί αντρακλαράδες πατούσαν σταφύλια στο πατητήρι και χόρευαν, έλεγαν χωρατάδες και σκούσαν στα γέλια· μύριζε το χώμα μούστο, οι γυναίκες ξεφούρνιζαν ψωμί, τα σκυλιά γάβγιζαν, βουή από σφήκες και μελίσσια, κι ο

Ich war wohl noch in der Volksschule, als ein Hirte in großer Hast aus dem Dorf kam, um mich abzuholen und zum Großvater zu bringen, der, wie er sagte, im Todeskampfe liege und nach mir verlange, um mir den Segen zu geben. Ich erinnere mich, es war heiß, August. Ich ritt auf einem Eselchen. Der Hirte hinter mir hielt eine Astgabel mit einem Nagel am Ende, und immer wieder stach er das Tier blutig. Es fühlte den Schmerz, schlug aus und rannte. Ich wandte mich nach dem Treiber um und bat ihn:

«Tut er dir nicht leid? Hab Mitleid. Es tut ihm weh!»

«Nur Menschen fühlen Schmerzen», antwortete er mir; «Esel sind Esel.»

Aber beim Durchqueren der Weinberge und Ölbaumhaine vergaß ich rasch die Qual des Tieres. Die Grillen zirpten mir die Ohren voll. Die Frauen waren noch bei der Lese und breiteten die Trauben auf Matten aus, damit sie zu Rosinen wurden. Die Welt duftete. Eine Traubenleserin sah uns und lachte.

«Warum lacht sie, Kyriakos?» fragte ich den Treiber. Ich hatte inzwischen seinen Namen erfahren.

«Man kitzelt sie, und sie lacht», antwortete er und spuckte aus.

«Wer kitzelt sie, Kyriakos?»

«Die Dämonen.»

Ich verstand nicht, aber ich fürchtete mich. Ich schloß die Augen und schlug das Eselchen mit der Faust, um schnell vorüber zu reiten und nicht die Dämonen zu sehen.

In einem Dorf, durch das wir kamen, stampften halbnackte, behaarte Riesen die Trauben in der Kelter und tanzten. Sie erzählten sich Späße und schüttelten sich vor Lachen. Die Erde roch nach Most. Die Frauen zogen Brot aus den Backöfen, die Hunde bellten, es war ein Gesumm von Wespen

να βασιλέψει κατακόκκινος, σαν να πατούσε ούλια, ολομέθυστος. Κίνησα κι εγώ να γελώ, τας πήρα τη διχαλόβεργα από το βοσκό κι να νιματώ το γαϊδούρι και να του μπήχνω ...καπούλια.

Είχα ζαλιστεί πια από την κούραση, από τον ήλιο κι από τα τζιτζίκια, κι όταν έφτασα στο σπίτι του παππού μου και τον είδα να κείτεται στη μέση της αυλής και να τον τριγυρίζουν τα παιδιά του και τ' αγγόνια, χάρηκα· γιατί είχε βραδιάσει πια, είχε δροσίσει ο κόσμος, κι ο παππούς μου είχε σφαληχτά τα μάτια και δε με πήρε χαμπάρι· κι έτσι γλίτωσα από τη χοντρή του χερούκλα που όπου με άγγιζε το δέρμα μου κοκκίνιζε.

– Νυστάζω, είπα σε μια γυναίκα που με πήρε στήν αγκαλιά της καί με κατέβασε από το γαϊδούρι.

– Κάμε υπομονή, μου αποκρίθηκε αυτή, όπου να 'ναι ο παππούς σου θα ξεψυχήσει· να 'σαι κοντά του, να σου δώσει πρώτα την ευκή.

Δώρο θαματουργό, ένα παιχνίδι ακριβό μου φάνταζε πώς ήταν η ευκή αυτή που κίνησα από τόσο μακριά για να την πάρω· θα 'ταν η τρίχα του δράκου, που λεν τα παραμύθια, την κρατάς φυλαχτό, και στη μεγάλη ανάγκη την καις κι έρχεται ο δράκος και σε γλιτώνει. Περίμενα λοιπόν ν' ανοίξει τα μάτια του ο παππούς και να μου δώσει την τρίχα.

Τη στιγμή εκείνη έσυρε φωνή ο παππούς και κουλουριάστηκε απάνω στην προβιά που του 'χαν στρώσει.

– Είδε τον αγγελό του, είπε μια γριά· όπου να 'ναι θα παραδώσει την ψυχή του.

Έκαμε το σταυρό της, πήρε ένα κομμάτι κερί κι άρχισε να το ζεσταίνει με την ανάσα της και να το πλάθει στα δάχτυλά της να το κάμει σταυρό, να σφραγίσει τα χείλια του πεθαμένου.

Ένας από τους γιους του, μὲ αγκαθωτά κορακάτα

und Bienen. Die Sonne neigte sich, um tiefrot unterzugehen, als ob auch sie Trauben träte, ganz betrunken. Auch ich fing an zu lachen und nahm pfeifend den Stock des Hirten und begann, den Esel anzuspornen und mit dem Nagel in seine Hinterbacke zu stechen.

Ich war schwindlig von der Müdigkeit, von der Sonne, von den Grillen, und als ich im Haus des Großvaters ankam und ihn in der Mitte des Hofes liegen sah, umgeben von Kindern und Enkeln, freute ich mich. Es war schon Abend geworden, die Welt hatte sich abgekühlt. Der Großvater hatte die Augen geschlossen und bemerkte mich nicht. So entkam ich seiner groben Pranke, die mir, wenn sie mich nur berührte, die Haut rötete.

«Ich bin schläfrig», sagte ich zu einer Frau, die mich in die Arme nahm und vom Esel hob.

«Hab Geduld», antwortete sie mir, «bald wird dein Großvater seine Seele aushauchen. Bleib in seiner Nähe, damit er dir vorher den Segen gibt.»

Als wundersames Geschenk, als teures Spielzeug stellte ich mir diesen Segen vor, um dessentwillen ich von so weit hergekommen war. Das Haar des Drachens würde es sein, von dem die Märchen erzählen. Man trägt ihn als Talisman. In großer Not zündet man es an, und der Drache kommt, um einen zu retten. Ich wartete also, daß der Großvater die Augen öffne und mir das Haar gebe.

In diesem Augenblick stieß der Großvater einen Schrei aus und krümmte sich auf dem Fell, auf das man ihn gebettet hatte.

«Er hat seinen Engel gesehen», sagte eine alte Frau. «Bald wird er seine Seele aushauchen.»

Sie bekreuzigte sich, nahm ein Stück Wachs und fing an, es mit ihrem Atem zu erwärmen und mit ihren Fingern daraus ein Kreuz zu formen, um die Lippen des Toten zu versiegeln.

Einer seiner Söhne, mit rabenschwarzem Stachelbart, er-

γένια, σηκώθηκε, μπήκε μέσα κι έφερε ένα ρόδι και του το 'βαλε στη φούχτα, να το πάρει στον Άδη.

Ζυγώσαμε όλοι και τον κοιτάζαμε· μια γυναίκα έκαμε να σύρει μοιρολόι, μα ο γιος με τ' αγκαθωτά γένια της έφραξε το στόμα:

– Σώπα!

Άνοιξε τα μάτια ο παππούς, έγνεψε· όλοι ζύγωσαν ακόμα πιο κοντά· στον πρώτο γύρο οι γιοί του, πίσω τ' αγγόνια τ' αρσενικά, πιο πίσω οι θυγατέρες κι οι νυφάδες. Άπλωσε ο γέρος τα χέρια του· μια γριά του 'βαλε ένα μαξιλάρι πίσω από το σβέρκο. Ακούστηκε η φωνή του γέρου:

– Έχετε γειά, μωρέ παιδιά, είπε· έφαγα τα ψωμιά μου, πάω. Γέμισα την αυλή παιδιά κι αγγόνια, γέμισα τα πιθάρια μου λάδι και μέλι, γέμισα τα βαρέλια μου κρασί, παράπονο δεν έχω. Έχετε γειά!

Κούνησε τα χέρια, αποχαιρετούσε. Γύρισε αργά, κοίταξε όλους, έναν ένα· εγώ είχα ξεχάσει την ευκή, ήμουν κρυμμένος πίσω από δυό τρία ξαδέρφια μου και δε με είδε. Κανένας δε μιλούσε· άνοιξε πάλι ο γέρος το στόμα:

– Στυλώστε τ' αυτιά, μωρέ παιδιά, ακούστε τις στερνές παραγγελιές μου: Έχετε το νου σας στα ζωντανά, στα βόδια, στα πρόβατα, στα γαϊδούρια· μη θαρρείτε, έχουν ψυχή κι αυτά, ανθρώποι είναι κι αυτά, μόνο που φορούν προβιές και δεν μπορούν να μιλήσουν· ανθρώποι παλαιικοί 'ναι, δίνετέ τους να τρώνε. Έχετε το νου σας και στα λιόδεντρα και στ' αμπέλια, να τα κοπρίζετε, να τα ποτίζετε, να τα κλαδεύετε, αν θέτε να σας κάνουν καρπό· παλαιικοί ανθρώποι είναι κι αυτά, μα πολλά παλαιικοί, και δε θυμούνται· μα ο άνθρωπος θυμάται, και γι' αυτό, μαθές, είναι άνθρωπος. Ακούτε; Για μπας και μιλώ σε κουφούς;

– Ακούμε, γέρο, ακούμε ... απηλογήθηκαν μερικές φωνές.

Άπλωσε ο γέρος τη χερούκλα του, έκραξε τον πρώτο γιο του:

hob sich, ging hinein, brachte einen Granatapfel und legte ihm den in die Faust, damit er ihn mitnehme in die Unterwelt.

Wir alle näherten uns ihm und schauten ihn an. Eine Frau hub an die Totenklage anzustimmen, aber der Sohn mit dem rabenschwarzen Bart schloß ihr den Mund.

«Schweig!»

Der Großvater öffnete die Augen, winkte. Alle traten noch näher hinzu. In der ersten Reihe seine Söhne, dahinter die Enkelsöhne, weiter hinten die Töchter und Schwiegertöchter. Der Alte breitete die Hände aus. Eine alte Frau legte ihm ein Kissen in den Nacken. Man hörte die Stimme des Alten:

«Lebt wohl, Kinder», sprach er. «Ich habe mein Brot gegessen. Ich gehe. Ich habe den Hof mit Kindern und Enkeln gefüllt, habe die Krüge mit Öl und Honig gefüllt, habe die Fässer mit Wein gefüllt. Ich beklage mich nicht. Lebt wohl.»

Er bewegte die Hände, er verabschiedete sich. Er wandte sich langsam um, schaute alle an, einen nach dem anderen. Ich hatte den Segen vergessen. Hinter zweien oder dreien meiner Vettern war ich versteckt, und er sah mich nicht. Niemand sprach. Der Alte öffnete wieder seinen Mund:

«Spitzt eure Ohren, Kinder. Hört meine letzten Gebote. Habt acht auf die Tiere, die Rinder, die Schafe, die Esel. Glaubt mir, sie haben auch eine Seele, sind auch Menschen, nur daß sie ein Fell haben und nicht reden können. Es sind frühere Menschen. Gebt ihnen zu essen. Habt auch acht auf die Ölbäume und die Weinberge, daß ihr sie düngt, begießt und beschneidet, wenn ihr wollt, daß sie euch Frucht bringen. Auch sie sind früher Menschen gewesen, aber viel früher und sie erinnern sich nicht. Aber der Mensch erinnert sich und deshalb ist er, seht ihr, Mensch. Hört ihr? Oder spreche ich vielleicht zu tauben Ohren?»

«Wir hören, Alter, wir hören...» erwiderten mehrere Stimmen.

Der Alte streckte seine Pranke aus und rief seinen ältesten Sohn:

– Ε, μωρέ Κωσταντή!

Ο Κωσταντής, ένας άντρακλας ψαρογένης, κατσαρομάλλης, βοϊδομάτης, άγγιξε τη χέρα του κυρού του:

– Να με, αφέντη κύρη, τι ορίζεις;

– Στο μικρό πιθαράκι έχω το διαλεχτό στάρι· το 'χω φυλάξει από καιρό για τα κόλλυβά μου· απάνω στα νιάμερα να το βράσεις, να του βάλεις μπόλικα μύγδαλα, έχουμε δόξα σοι ο Θεός, και μην τσιγκουνευτείς τη ζάχαρη, ως καθώς το συνηθάς, ακούς; Σφιχτοχέρης είσαι, δε σου 'χω εμπιστοσύνη.

– Καλός ο λόγος σου, αποκρίθηκε ο πρωτογιός κουνώντας την κεφάλα του, καλός ο λόγος σου, αφέντη κύρη, μα στα έξοδα να μπουν κι οι επίλοιποι· όλα κι όλα, μα όλοι να μπουν στα έξοδα·

κόλλυβα είναι αυτά, έξοδα είναι αυτά, δεν είναι χωρατάς, κι ύστερα είναι και τα κεριά, κι ο παπάς που θα πλερωθεί, κι ύστερα είναι κι ο νεκροθάφτης, μαθές, κι ύστερα κι η μακαρία, το νεκροτράπεζο με τους μεζέδες, με το κρασί, βάλε και τους καφέδες που θα πιούν οι γυναίκες – έξοδα είναι αυτά, σ' το λέω, δεν είναι χωρατάς· όλοι θα τα μοιραστούμε.

Στράφηκε στ' αδέρφια του, δεξά ζερβά:

– Το ακούτε; όλοι, καθένας και το μερτικό του, ξεκομμένα καρύδια.

Μουρμούρισαν οι γιοί ανάμεσα από τα δόντια τους, ένας σήκωσε τη φωνή:

– Καλά, είπε, καλά, μωρέ Κωσταντή, δε θα μαλώσουμε.

Είχα γλιστρήσει στην πρώτη γραμμή, ο θάνατος πάντα, είπαμε, ήταν ένα παράξενο μυστήριο και με τραβούσε, ζύγωσα να δω από κοντά τον κύρη της μάνας μου να πεθαίνει.

Με πήρε το μάτι του.

– Ε, καλώς το, έκαμε, καλώς το Καστρινάκι, σκύψε να σου δώσω την ευκή μου.

Η γριά που κρατούσε κι έπλαθε το κερί μου φούχτωσε

«He, Konstantis!»

Konstantis, ein Mannsbild mit graumeliertem Bart, krausem Haar und Kuhaugen faßte die Hand seines Herrn.

«Hier bin ich, mein Gebieter, was befiehlst du?»

«Im kleinen Krug habe ich auserlesenen Weizen. Schon lange verwahre ich ihn für meinen Totenkuchen. Nach neun Tagen sollst du ihn bereiten. Daß du mir auch eine gehörige Menge Mandeln nimmst! Wir haben es ja, Gott sei Dank! Und daß du mir nicht beim Zucker geizest, wie du es meistens tust. Hörst du? Ein Knauser bist du. Ich trau dir nicht.»

«Du hast gut reden», antwortete der Erstgeborene und schüttelte den Kopf. «Du hast gut reden, mein Herr und Gebieter, aber auch die anderen müssen zu den Ausgaben beitragen. Alles was recht ist, aber alle müssen sich an den Ausgaben beteiligen. Totenkuchen ist es, Ausgaben sind es, kein Spaß. Und dann die Kerzen! Der Pfarrer will auch bezahlt sein, und dann ist da noch der Totengräber. Hörst du? Und dann das Totenmahl, der Leichenschmaus mit den Speisen, mit dem Wein, nicht zu vergessen den Kaffee, den die Frauen trinken – Ausgaben sind es, sag ich dir, kein Spaß. Alle müssen sich beteiligen.»

Er wandte sich an seine Brüder rechts und links.

«Hört ihr, alle, ein jeder muß sein Teil beitragen, ganz sonnenklar ist das.»

Die Söhne murmelten etwas zwischen den Zähnen und einer sagte laut:

«Schon gut, schon gut, Konstantis, wir werden nicht streiten.»

Ich war in die erste Reihe geschlüpft. Der Tod war ein seltsames Geheimnis und zog mich an. Ich näherte mich, um den Herrn meiner Mutter aus der Nähe sterben zu sehen.

Sein Auge nahm mich wahr.

«He, willkommen», sagte er, «willkommen, Kleiner aus Kastri, beuge dich, daß ich dir meinen Segen gebe.»

Die alte Frau, die das Wachs in der Hand hielt und formte,

το κεφάλι και το χαμήλωσε· ένιωσα τη βαριά χερούκλα απάνω σε όλο μου το πανωκαύκαλο:

– Έχε την ευκή μου, αγγόνι Καστρινό, είπε, και να γενείς μια μέρα άνθρωπος.

Κούνησε τα χείλια του να πει κι άλλα, μα 'χε πιά εξαντληθεί, σφάλιξε τα μάτια.

– Κατά πού, μωρέ, βασιλεύει ο ήλιος; ρώτησε με ξέψυχη φωνή· γυρίστε με κατά κει!

Δυό γιοί τον έπιασαν, τον γύρισαν κατά τη δύση.

– Έχετε γειά! μουρμούρισε· φεύγω!

Έβγαλε βαθύ στεναγμό, τέντωσε τα πόδια, και κύλησε το κεφάλι του από το μαξιλάρι και χτύπησε στις πέτρες της αυλής.

– Πέθανε; ρώτησα ένα αξαδερφάκι μου.

– Ούου, πάει αυτός! μου αποκρίθηκε· πάμε να φάμε!

faßte meinen Kopf und beugte ihn nach unten. Ich spürte die schwere Pratze auf meinem ganzen Schädel.

«Nimm meinen Segen, Enkelkind aus Kastri», sprach er, «sieh zu, daß aus dir ein Mensch wird.»

Er bewegte seine Lippen, um noch etwas zu sagen, aber er war schon erschöpft, er schloß die Augen.

«Wo geht die Sonne unter?» fragte er mit ersterbender Stimme, «dreht mich dorthin!»

Zwei Söhne faßten ihn und drehten ihn gen Westen.

«Lebt wohl» murmelte er. «Ich gehe.»

Er stieß einen tiefen Seufzer aus, spannte die Beine; sein Kopf rollte vom Kissen und schlug auf das Pflaster des Hofes.

«Ist er gestorben?» fragte ich einen kleinen Vetter.

«Uuh, er ist tot», gab er zur Antwort. «Gehen wir essen.»

Τον Καπιτάνιο μας τόνε φέρανε σπίτι σα μπατάρησε μεσοπέλαγα η τρεχαντήρα μας η «Βαγγελίστρα». Χριστούγεννα παραμονή έγινε το κακό, μια μαύρη νύχτα, που ξοριάστηκε και βούλιαξε το καράβι ανάμεσα Μόλυβο και Κάβο-Μπαμπά. Χαθήκανε κ' οι δυό ναύτες του πατέρα, κι ούτε βρέθηκαν ποτές τα λείψανά τους. Κι α γλύτωσε ατός του, το χρωστούσε στο καραβόσκυλο, τον Καπιτάνιο μας. Σα μούδιασε πια ο πατέρας χεροπόδαρα, και δεν είχε ανάκαρα να κολυμπήσει, τον άρπαξε ο Καπιτάνιος από το γιακά και κολυμπούσε απόκοντα. Κρατούσε το κεφάλι του έξω από το κύμα, ώσπου ξενερίσανε στην ακρογιαλιά της Ανατολής. Από κείνη τη μέρα, που μας γύρισαν με την ψυχή στα δόντια, που μας γύρισαν με ξένο καράβι, ο πατέρας δε μεταπάτησε πια σε πλεούμενο, κι ο Καπιτάνιος απόμεινε και κείνος στεριανός στο σπίτι μας.

Είταν ένας σκύλαρος ως εκεί πάνω, κανελλής, γεροδεμένος, με μιαν άσπρη βούλα στην πλάτη, σαν πλατανόφυλλο. 'Ολοι τον αγαπούσανε γιατ' είτανε καλός, κ' εμείς, τα παιδιά, του βγάζαμε την πίστη με τα τυραγνιστικά παιχνίδια. Είμασταν τέσσερα, όλα αγόρια, και μόνο εγώ, ο μεγάλος, είμουνα σε θέση να καταλαβαίνω το πιλάτεμά που του γινότανε. Ο Καπιτάνιος τα δεχόταν όλα με άσωστη καλωσύνη.

Τ' αγαπούσε τα παιδιά, έπαιζε μαζί τους υπομονετικά και τους φερνότανε με προστατευτική αψηφισιά, χωρίς ποτές να θυμώνει και να τα ξεσυνερίζεται. Τόνε καβαλλίκευαν το λοιπόν και κείνοι ή τόνε ζεύανε στο ποδηλατάκι του Πετρή και κάναν αρματοδρομίες στις πλάκες της αυλής. Ο Καπιτάνιος, σαν πονούσε πολύ, μισόκλεινε τα μάτια και ψευτόκλαιγε, ή έγλυφε το χεράκι που τόνε παράσφιγγε. Εγώ, που καταλάβαινα όσο κ' η μητέρα

Stratis Myrivilis: Kapitanios

Den Kapitanios brachte man uns ins Haus, nachdem unser Schnellsegler «Vangelistra» auf hoher See gekentert war. Das Unglück geschah am Heiligen Abend, es war schwarze Nacht, als zwischen Molyvos und Kavo-Baba das Schiff auf Grund lief und sank. Die beiden Matrosen des Vaters waren verloren – ihre Leichen wurden nie gefunden. Seine eigene Rettung verdankte der Vater dem Bordhund, unserem Kapitanios. Als der Vater schon an Armen und Beinen erlahmte und keine Kraft mehr hatte zu schwimmen, packte Kapitanios ihn am Kragen und schwamm neben ihm her. Er hielt ihm den Kopf über die Wellen, bis beide an die anatolische Küste verschlagen wurden. Seit jenem Tag, da sie, gerade noch gerettet, auf einem fremden Schiff zu uns zurückkehrten, betrat mein Vater nie mehr ein Wasserfahrzeug, und auch Kapitanios blieb als Landbewohner in unserem Haus.

Er war ein Hund, von unten bis oben zimtbraun, stramm, auf dem Rücken ein weißer Fleck wie ein Platanenblatt. Alle mochten ihn, weil er lieb war. Wir Kinder setzten ihm arg zu mit derben Spielen.

Wir waren vier Buben; nur ich, der Älteste, war imstande, die Pein, die ihm zugefügt wurde, zu verstehen. Kapitanios nahm alles hin, mit nie erlahmender Güte.

Er liebte Kinder, spielte geduldig mit ihnen und behandelte sie mit beschützender Herablassung, ohne je wütend zu werden oder etwas übel zu nehmen. Sie ritten auf ihm, spannten ihn vor Petris' Kinderfahrrad und veranstalteten Wagenrennen auf dem Pflaster des Hofes. Wenn es ihm sehr weh tat, schloß Kapitanios halb die Augen und wimmerte oder er leckte das Händchen, das ihn so sehr drückte. Ich und auch die Mutter wußten, welchen Dienst uns dieser Hund

το καλό που μας έκανε τη νύχτα της καταστροφής ετούτο το σκυλί, πολεμούσα να το προστατεύσω όσο μπορούσα από τους μικρούς σταυρωτήδες του.

Ακόμα απορούσα πώς ο Καπιτάνιος δε σκέφτηκε ποτές να πάρει μέσα στο σπίτι μήτε τόσο δα ύφος «μεγάλου ευεργέτη». Καμιά φορά πούβλεπα τον πατέρα να στέκεται ψηλός, με τα πόδια ανοιχτά, μπροστά στο μικρό πόρτο, με το ναυτικό του κασκέτο γερτό πίσω στο σβέρκο, να βλέπει μακριά το πέλαγο, να βλέπει εκεί προς τον Κάβο – Μπαμπά χωρίς να μιλά, με τα χέρια στις τσέπες, μ' έπιανε μια συγκίνηση ... Αγκάλιαζα τότες τον Καπιτάνιο μας και τόνε φιλούσα κ' έχωνα το πρόσωπο κάτω από την κεφάλα του. Κι αυτός μ' έγλυφε πίσω από τ' αυτί και φρούμαζε μέσα στα μαλλιά μου. Τόξερα πως χωρίς αυτόνε θάμασταν τέσσερα ορφανά στο δρόμο, κ' ήθελα να μπορούσα να του το πω πόσο τόξερα.

Σαν πηγαίναμε στο σκολειό με τον Αντώνη, το δεύτερο αδέρφι, μας έπαιρνε το κατατόδι ως τη σιδερένια οξώπορτα της μεγάλης αυλής του, χωρίς να μπαίνει ποτές μέσα στο προαύλιο. Σταματούσε εκεί, μπροστά στο πετρένιο κατώφλι, κάθιζε στα πίσω πόδια και μας έβλεπε με τα καστανά μάτια του, μας έβλεπε τρυφερά να προχωράμε μέσα, σαρώνοντας με τη φουντωτή ουρά το χώμα. Έγερνε το κεφάλι του πλάι να μας δει, όπως κάνουν οι μαμάδες να καμαρώσουν τα μωρά τους. Σα μας έχανε από τα μάτια του, έδινε μιά και γύριζε τρεχάτος σπίτι. Από κει παραμόνευε την ώρα που σχολνούσαμε, και μόλις άκουγε το καμπανάκι που χτυπούσε ο επιστάτης – ακουγότανε ως το σπίτι αυτό το καμπανάκι – άφηνε στη μέση τα παιχνίδια του ή τα κόκκαλα που τραγάνιζε και, μιά και δυό, ερχότανε στην οξώπορτα του σκολειού να μας προπάρει και να μας πάει συνοδιά στο σπίτι.

Όλος ο κόσμος τον αγαπούσε τον Καπιτάνιο γιατ' είτανε καλός. Μόνο ένας χασάπης, που είχε το μαγαζί του στην αγκωνή του δρόμου μας, δεν τόνε χώνευε. Αυ-

in der verhängnisvollen Nacht geleistet hatte, und wir bemühten uns so gut wir konnten, ihn vor seinen kleinen Peinigern zu schützen.

Ich wunderte mich, daß Kapitanios nie auf den Gedanken kam, im Hause das Gehabe des «großen Wohltäters» anzunehmen. Manchmal wenn ich meinen Vater sah, wie er groß und breitbeinig am kleinen Hafen stand, die Seemannsmütze in den Nacken geschoben, die Hände in den Hosentaschen, und weit aufs Meer hinaus blickte bis nach Kavo-Baba, ohne ein Wort zu sprechen, dann überkam mich Rührung... dann umarmte ich unseren Kapitanios, küßte ihn und steckte das Gesicht unter seinen Kopf. Er leckte mich hinter dem Ohr und schnaufte in meine Haare. Ich wußte, daß wir ohne ihn vier Waisenkinder auf der Straße wären, und ich wünschte, ich könnte ihm sagen, wie genau ich es wußte.

Ging ich mit Antonis, dem zweiten Bruder, zur Schule, folgte uns der Hund auf dem Fuße bis zu dem Eisenportal des großen Hofes, ging aber nie hinein. Er blieb vor der steinernen Schwelle stehen, setzte sich auf die Hinterbeine und schaute uns mit seinen Kastanienaugen an, zärtlich blickte er auf uns, wie wir hineingingen, und fegte mit seinem dichten Schwanz den Boden. Er neigte seinen Kopf zur Seite, um uns anzusehen, wie es Mütter tun, wenn sie ihre kleinen Kinder bewundern. Wenn er uns aus den Augen verloren hatte, machte er kehrt und lief nach Haus zurück. Dort paßte er die Stunde des Schulschlusses ab, und sobald er das Glöckchen hörte, das der Pedell anschlug – man hörte es bis zu unserem Haus – verließ er mittendrin seine Spiele oder die Knochen, an denen er nagte, und, eins, zwei, erschien er am Schulportal, um uns in Empfang zu nehmen und nach Hause zu begleiten.

Alle Leute mochten Kapitanios, weil er so lieb war. Nur ein Metzger, der seinen Laden an der Ecke unserer Straße hatte, konnte ihn nicht ausstehen. Er besaß einen Metzger-

τός είχε ένα χασαπόσκυλο, Μαχμούτ τόνε λέγανε. Μαύρο και χοντρό σκυλί, κακό και μπαμπέσικο. Άμα τον έπιανε η κακία του, ακολουθούσε ένα διαβάτη ύπουλα, πήγαινε πίσω του ήσυχα, και ξάφνου, στα καλά καθούμενα, τον αρπούσε από το πόδι, ή τούσκιζε το βρακί.

Ο χασάπης τούριχνε ένα σωρό μεζελίκια μέσα σ' ένα σπιτότοπο που είτανε παραδίπλα. Μόλις τα μυριζόταν ο Καπιτάνιος μας, πρόφταινε με μεγάλες τρεχάλες, τον αγρίευε, και, χλαπ, χλουπ, κατάπινε σε μια στιγμή τα τζιέρια και τα διαλεχτά κόκκαλα κι ο Μαχμούτ έβλεπε από μακριά κατατρομαγμένος.

Ο πατέρας γελούσε, κ' έλεγε στο χασάπη νάρχεται να του πλερώνει τη ζημιά. Αυτός όμως τόχε πάρει κατάκαρδα. Έβαλε όχτρα πάνω στον Καπιτάνιο μας.

Μια μέρα, που τόνε τσάκωσε στα πράσσα να τρώει τους κατημάδες του Μαχμούτ, έγινε έξω φρενών και τίναξε πάνω του το μεγάλο το χασαπομάχαιρο. Το γιντέκι βρήκε το σκυλί στο δεξί μπροστινό πόδι και το πλήγωσε λαφριά. Το σήκωσε ψηλά, τόγλυφε κ' έκλαιγε. Τύχη του να γυρίζει σπίτι ο πατέρας κείνη την ώρα και να δει το κίνημα. Δίνει ένα σάλτο, αρπάει από χάμου το χασαπομάχαιρο, κατόπι χυμά και πιάνει το χασάπη. Τον γονατίζει με τόνα χέρι, κατόπι τον αρχίζει στη ράχη διπλαριές με το πλατύ του γιντεκιού, να που σε πονεί και να που σε σφάζει. Τούκαμε μαύρη την πλάτη. Πρώτη φορά τον είδα έτσι θυμωμένο τον πατέρα.

Μια μέρα, καλοκαίρι είταν, απόγεμα. Τελεύανε οι πάψες και η μητέρα τοίμαζε κείνες τις μέρες το μπαούλο μου, να με ταξιδέψει στη Χώρα για το Γυμνάσιο. Ξαφνικά σηκώθηκε μέσα στο χωριό μια φασαρία ... Ένα κακό ... Η γειτονιά έγινε ανάστατη. Ένα τσομπανόσκυλο είχε λυσσάξει πάνω στις μάντρες, και δάγκασε κάμποσα πρόβατα. Οι τσομπαναρέοι το κυνηγήσανε με πέτρες και με ξύλα, να το σκοτώσουν· κι αυτό ροβόλησε μέσα στα

hund mit Namen Machmut. Das war ein schwarzer, dicker Hund, böse und heimtückisch. Überkam ihn die Bosheit, folgte er arglistig einem Spaziergänger, lief ruhig hinter ihm her, und plötzlich, wie aus heiterem Himmel, packte er ihn am Bein oder zerriß ihm die Hose.

Der Metzger warf seinem Hund einen Haufen Leckerbissen auf einen Baugrund, der sich nebenan befand. Als unser Kapitanios das roch, holte er den andern mit großen Sprüngen ein, erschreckte ihn – und tschupp tschupp verschlang er in einem Augenblick die Innereien und ausgesuchten Knochen, während Machmut von ferne verstört zusah. Der Vater lachte und sagte dem Metzger, er werde vorbeikommen und ihm den Schaden bezahlen. Der Metzger hatte sich aber den Vorfall sehr zu Herzen genommen und war von nun an Kapitanios' Feind.

Eines Tages, als er ihn auf frischer Tat ertappte, wie er Machmuts Fleischabfälle fraß, geriet der Metzger außer sich und warf das große Fleischermesser nach ihm. Die Schneide drang dem Hund in den rechten Vorderlauf und verletzte ihn leicht. Er hob den Lauf, leckte ihn und jammerte. Zufällig kam zu dieser Stunde gerade der Vater heim und sah diese Gebärde. Er machte einen Satz, ergriff das Fleischermesser am Boden, stürzte los und packte den Metzger. Mit einer Hand zwang er ihn in die Knie und versetzte ihm mit der stumpfen Seite der Klinge Hiebe auf den Rücken, daß es ihm sehr weh tat. Grün und blau schlug er ihm den Rücken. Zum ersten Mal sah ich den Vater so zornig.

Eines Tages – es war an einem Sommernachmittag, die Ferien waren zu Ende und meine Mutter machte mein Gepäck zurecht, um mich in die Stadt aufs Gymnasium zu bringen – entstand plötzlich mitten im Dorf ein Krawall... Ein Unheil... Die Nachbarschaft in Aufruhr. Ein Hirtenhund war im Gehege tollwütig geworden und hatte mehrere Schafe gebissen. Die Hirten jagten ihn mit Steinen und Stöcken, um ihn zu töten, und er kam zu den Häusern her-

σπίτια. Είταν ένα κόκκινο σκυλί, αγριεμένο, με σηκωμένη την τρίχα, σα λύκος. Έτρεχε με το κεφάλι χαμηλωμένο. Τα μάτια του είτανε κόκκινα, έριχνε λοξές ματιές κ' είχε το στόμα ανοιχτό. Από την κρεμασμένη γλώσσα του τρέχανε τα σάλια. Από πίσω του φωνάζανε, χουγιάζαν, του πετούσανε στυλιάρια και φορτωτήρες κ' οι γυναίκες τσιρίζανε, μάζευαν τα μωρά τους και σφαλούσανε με θόρυβο τις πόρτες.

Πέρασε μπροστά από την πόρτα μας, όπου τα δυό μικρότερα αδερφάκια παίζαν ολομόναχα με τον Καπιτάνιο. Τούχανε βαλμένη μια σκουφίτσα με ντantέλλες, του τη δέσανε κάτω απ' το σαγόνι στο μαύρο λουρί, κι αυτός πια στεκότανε και καμάρωνε όσο αυτά ξεφώνιζαν από τα γέλια. Σαν άκουσε το σαματά και το κακό που γινόταν, πετάχτηκε πάνω, γάβγιξε φοβεριστικά και στάθηκε μπροστά στα παιδιά περιμένοντας να τα διαφεντέψει. Το τσομπανόσκυλο ήρθε καταπάνω του, ξεφρενιασμένο από την τρομάρα κι από την αρώστεια του. Να το δει ο Καπιτάνιος να περνά από το πόστο του, χύνεται και τ' αρχίζει στις δαγκωματιές. Κυλιστήκανε μια κουβάρα στα χώματα, ενώ τα παιδιά τρέξανε μέσα κλαίγοντας.

Το λυσσασμένο σκυλί έφυγε σε κακό χάλι, με τ' αυτιά πετσοκομμένα, με τη μούρη χωμένη στα αίματα. Όμως κι ο Καπιτάνιος είχε δυό μικρές δαγκωματιές στα πόδια και ένα ξέγδαρμα στο στέρνο.

Ο πατέρας ήρθε σε λίγο τρομαγμένος και βιαστικός. Του είπανε τι έτρεξε. Ο Καπιτάνιος, σαν τον είδε, σταμάτησε να γλύφει τις λαβωματιές του και τούκανε όπως πάντα χαρές. Σηκώθηκε όρθιος στα πίσω πόδια κι ακούμπησε, όπως το συνηθούσε, τα μπροστινά του στους ώμους του πατέρα. Αυτό είταν ένα χάδι, που μόνο ο πατέρας μπορούσε να το σηκώσει. Κόντευε να τόνε φτάξει στο μπόι ο σκύλος. Κουνούσε την ουρά του θριαμβευτικά, φτερνιζότανε κ' έτριβε την κεφάλα χαδιάρικα στο στήθος του πατέρα.

abgesprungen. Es war ein roter Hund, wütend, mit gesträubten Haaren, wie ein Wolf. Er rannte mit gesenktem Kopf. Seine Augen waren rot, er warf schielende Blicke um sich, sein Mund stand offen. Von seiner heraushängenden Zunge tropfte der Geifer. Man schrie und schimpfte hinter ihm her, warf Knüppel und Heugabeln nach ihm, die Frauen kreischten, sammelten ihre Kinder und verriegelten geräuschvoll die Haustüren.

Der Hund kam an unserem Tor vorbei, wo die beiden kleineren Geschwister ganz allein mit Kapitanios spielten. Sie hatten ihm ein Spitzenhäubchen aufgesetzt, das sie ihm unter der Kinnlade am schwarzen Halsband befestigten. Je mehr die Kinder vor Lachen schrien, desto stolzer stand er da. Als er den Tumult hörte und das Unheil sah, das sich abspielte, sprang er auf, bellte furchterregend und stellte sich vor die Kinder in der Absicht, sie zu schützen. Der Hirtenhund kam auf ihn zu, außer sich vom Schrecken und von der Krankheit. Kapitanios sah ihn an seinem Platz vorbeikommen und stürzte sich auf ihn; es begann eine Beißerei. Sie wälzten sich in einem Knäuel am Boden, während die Kinder weinend ins Haus liefen.

Der tollwütige Hund trollte sich, übel zugerichtet, mit gestutzten Ohren und blutiger Schnauze. Aber auch Kapitanios hatte zwei kleine Bisse an den Beinen abbekommen und eine Hautabschürfung an der Brust.

Bald danach kam der Vater herbei, in Eile und voll Entsetzen. Man erzählte ihm, was vorgefallen war. Als Kapitanios ihn sah, hörte er auf, seine Wunden zu lecken, und begrüßte ihn wie immer voll Freude. Er stellte sich auf die Hinterläufe und lehnte, wie er es meistens tat, die Vorderbeine auf die Schultern des Vaters. Das war eine zärtliche Geste, die er nur beim Vater machte. Fast erreichte der Hund dessen Größe. Er wedelte triumphierend, nieste und rieb zärtlich seinen Kopf an der Brust des Vaters.

Εκείνος είτανε χλωμός-χλωμός σαν πεθαμένος και τα πυκνά φρύδια του χαμηλώνανε πάνω στα μάτια του. Κατέβασε από πάνω του το σκυλί και μούπε να φέρω την αλυσίδα. Τη στερέωσε στο λουρί του και τον έδεσε στο χαλκά της πόρτας. Κάνοντας να μπει μέσα πήρε το μάτι του το σκουφάκι των παιδιών, που κείτονταν στα χώματα ματωμένο. Το πήρε και τάναψε μ' ένα σπίρτο ώσπου κάηκε. Κατόπι μπήκε στο σπίτι, πήγε στη κρεββατοκάμαρη, άνοιξε το μπαούλο του και κάτι πήρε μαζί του. Είδα τη μητέρα που πολεμούσε να τον μποδίσει. Τον ακολουθούσε κλαίγοντας. Έλεγε «όχι αυτό ... δε θα το κάνεις αυτό» κι όλο έκλαιγε. Την είδανε τα δυό μικρά κι αρχίσανε να ξανακλαίνε κι αυτά. Ο πατέρας, χωρίς να της απαντήσει, με κοίταξε μια στιγμή σοβαρά, με μέτρησε με μια ματιά από τα παπούτσια ως την κορφή και μούγνεψε:

– Έλα μαζί μου ...

Ξεκούμπωσε από το χαλκά την αλυσίδα κ' έσυρε μπρος με τον Καπιτάνιο. Εγώ βάδιζα καταπόδι. Κανένας μας δε μιλούσε. Μονάχα το σκυλί έκανε παιχνίδια, πότε σε μένα, πότε στον πατέρα, χωρίς να βρίσκει πουθενά απόκριση. Περάσαμε έτσι τα τελευταία σπίτια, περάσαμε το μουράγιο, όπου κουρνιάζαν αράδα τα καΐκια φορτωμένα κυδώνια. Μοσκοβολούσανε τα κυδώνια, μοσκοβολούσανε και τα φρεσκοκομμένα δαφνόκλαδα, που βάζαν ανάμεσα στο πράμα οι καπιτανοί, φορτωμένα μαύρα δαφνοκούκουτσα. Οι αλυσίδες κ' οι πρυμάτσες των δεμένων καραβιών μια τεζέρνανε και μια λασκάρανε. Και ολοένα η μουγκαμάρα βάραινε αναμεσό μας. Ο πατέρας σκυφτός κι αμίλητος, ο Καπιτάνιος στη μέση και γώ από πίσω. Μπήκαμε στο χωραφόδρομο κι ανηφορίσαμε στη Δαφνούσα μας. Η Δαφνούσα είταν ένα λιοχώραφο πάνω στο λόφο. Από κάτου, βαθιά, ένας γκρεμός καμιά δεκαριά οργιές, κ' η θάλασσα, που αδιάκοπα αναδευότανε, γαλάζια και πράσινη, μέσα στη θαλασσοβρο-

Der Vater war bleich, bleich wie ein Toter, und seine dichten Brauen senkten sich tief über die Augen. Er stellte den Hund nieder und ließ sich die Kette bringen. Er machte sie am Halsband des Hundes fest und hängte ihn an den Metallring der Türe. Beim Hineingehen fiel sein Blick auf das Häubchen der Kinder, das blutverschmiert am Boden lag. Er nahm es, zündete es mit einem Streichholz an, bis es verbrannt war. Dann betrat er das Haus, ging ins Schlafzimmer, öffnete seine Truhe und nahm etwas an sich. Ich sah die Mutter, die sich bemühte ihn zu hindern. Sie ging ihm weinend nach und sagte: «Nein, das nicht ... das wirst du nicht tun.» Sie weinte immerzu. Die beiden Kleinen sahen sie, und nun fingen auch sie wieder an zu weinen. Der Vater, ohne ihr zu antworten, schaute mich einen Augenblick ernst an, mit einem Blick maß er mich von den Schuhen bis zum Scheitel und winkte mir:

«Komm mit ...»

Er löste die Kette von dem Metallring und zog voraus mit Kapitanios. Ich trottete hinterher. Keiner von uns sprach. Nur der Hund forderte zum Spielen auf, einmal mich, einmal den Vater, aber keiner ging darauf ein. Wir gingen an den letzten Häusern vorbei, an der Kaimauer, wo die mit Quitten beladenen Boote in einer Reihe lagen. Die Quitten dufteten, und es dufteten auch die frischgeschnittenen Lorbeerzweige voll schwarzer Lorbeeren, die von den Kapitänen zwischen die Ladung gelegt worden waren. Die Ketten und Taue der festgezurrten Schiffe strafften und entspannten sich abwechselnd. Das anhaltende Schweigen lag schwer auf uns. Erst der Vater, gebeugt und schweigsam, Kapitanios in der Mitte und ich hintendrein. Wir betraten einen Feldweg und zogen zu unserem Lorbeerhain hinauf. Der Lorbeerhain war ein sonniges Feld auf dem Hügel. Vor dort oben ein Abgrund von etlichen Dutzend Klaftern, und unten das Meer, das sich zwischen den Felsen der Küste unaufhörlich blau und grün mischte. Sein Rauschen hörte man von weitem,

χιά. Η ρούφνα της ακουγόταν από μακριά, νανουριστική κι ασώπαστη, χρόνον-καιρό, μπουνάτσα ή χειμωνιά.

Ο πατέρας σταμάτησε εκεί, άκρη-άκρη, προς τη μεριά της θάλασσας. Σταμάτησε κι ο Καπιτάνιος, χαρούμενος και παιχνιδιάρης. Κάπου-κάπου κοντανάσαινε από την ανηφοριά, με τη γλώσσα έξω, κυματιστή. Τέντωνε την αλυσίδα να τρέξει, τσίτωνε τ' αυτιά του και γύριζε γουστόζικα πλάι την κεφάλα του, να δει ένα τζιτζίκι που φώναζε πολύ κοντά του, πάνω σ' έναν κορμό. 'Απλωνε το πόδι κατά το ζουζούνι να παίξει.

Ο πατέρας έδεσε την αλυσίδα σ' ένα σκοίνο κ' έκατσε σε μιαν αρχαία τετράγωνη πέτρα, που είταν εκεί, κάτω από τη μεγάλη ελιά. 'Εκατσα και γώ παράμερα, λαχανιασμένος από τον ανήφορο, με την καρδιά σφιχτά κλειδωμένη.

Ο Καπιτάνιος μας έβλεπε, μια εμένα, μια τον πατέρα. Μας έβλεπε με κείνα τα καστανά, τ' ανθρωπίσια μάτια του, που μιλούσανε τόσο εκφραστικά, και ήξερα τόσο καλά τα νοήματά τους. Μας έβλεπε ανυπόμονα, ψευτόκλαιγε παρακαλεστικά, να τόνε λύσουμε, έκανε πώς δαγκάνει την αλυσίδα του, τάχα να την κόψει. Κανένας μας δεν του αποκρενόταν. Τότες χυμούσε όρθιος πάνω στην αλυσίδα στα πίσω πόδια, κουνούσε το σκοίνο να τόνε ξεριζώσει, γάβγιζε χαρωπά, γάβγιζε μαλωτικά.

– 'Αιντε λοιπόν, κάνετε γρήγορα, έλεγε. Ως πότε θα βαστάξει τούτο το χωρατό ...

Τον καταλάβαινα πολύ. Τον καταλάβαινε κι ο πατέρας. Αναστέναξε βαθιά και σηκώθηκε. Μούπε:

– Σύρε παρέκει, γύρισε κατά δώ τη ράχη σου και περίμενε να σε φωνάξω.

Η καρδιά μου χτυπούσε, χτυπούσε. 'Ηθελα να μιλήσω, ν' απλώσω τα χέρια μου να τον παρακαλέσω. Δεν είχα το κουράγιο. Τον ήξερα καλά τον πατέρα. 'Ο, τι έκανε είτανε σωστό. Είτανε καλό για όλους μας. Γιαυτό δεν άλλαξε απόφαση ποτές του. Πήγα παραπέρα δυό-τρία βήματα

einlullend und nie verstummend, jahraus, jahrein, bei Windstille und in Winterstürmen.

Dort blieb der Vater stehen, an der Kante zur Meeresseite hin. Auch Kapitanios blieb stehen, heiter und verspielt. Hin und wieder hechelte er mit heraushängender Zunge wegen des Aufstiegs. Er zog an der Kette um zu laufen, spitzte seine Ohren und drehte mit munterer Bewegung den Kopf zur Seite, um nach einer Grille zu sehen, die ganz nah auf einem Baumstumpf zirpte. Er tappte nach dem Insekt, um zu spielen.

Der Vater machte die Kette an einem Zistrosenstrauch fest und setzte sich auf einen antiken viereckigen Stein, der dort unter dem großen Ölbaum lag. Ich setzte mich abseits, schnaufend von dem Aufstieg, mit zugeschnürtem Herzen.

Kapitanios schaute uns an, einmal mich, einmal den Vater. Mit diesen kastanienbraunen Menschenaugen sah er uns an, die so ausdrucksvoll sprachen, und deren Bedeutung ich so gut kannte. Er sah uns ungeduldig an, wimmerte bittend, wir sollten ihn losbinden; er tat, als wolle er in seine Kette beißen, um sie aufzubrechen. Keiner von uns antwortete ihm. Da ging er auf seine Kette los, aufrecht auf den Hinterläufen, schüttelte den Strauch, um ihn zu entwurzeln, bellte fröhlich, bellte schimpfend.

«Vorwärts jetzt, macht schnell», sagte er, «wann reicht endlich der Spaß ...?»

Ich verstand ihn gut, und auch der Vater verstand ihn. Er seufzte tief und stand auf. Er sagte zu mir:

«Geh weiter, dreh mir den Rücken zu und warte, bis ich dich rufe.»

Das Herz schlug mir bis zum Halse. Ich wollte sprechen, wollte die Hände ausstrecken, um ihn zu bitten. Ich hatte nicht den Mut. Ich kannte den Vater. Alles was er tat, war richtig. Es war gut für uns alle. Deshalb änderte er nie seine Entscheidung. Ich ging zwei, drei Schritte weiter und

κι ακούμπησα σε μια συκιά, χωρίς να σηκώσω τα μάτια μου από πάνω τους.

Ο πατέρας έβγαλε μέσα από την τσέπη του ένα πιστόλι. Το ήξερα το πιστόλι του. Ένα πλατύ, μεγάλο μπράουνιγκ. Ξεκούμπωσε την ασφάλεια κι άκουσα τον ξερό κρότο που έκανε σαν τράβηξε πίσω την κάννη να το γιομίσει. Κατόπι πλησίασε το σκυλί. Αυτό χύθηκε να τον αγκαλιάσει. Τότες ο πατέρας τραβήχτηκε πίσω, απόθεσε το όπλο στην πέτρα, ξαναπήγε στο σκυλί και κόντυνε την αλυσίδα ως τον κορμό του σκοίνου, να μη μπορεί το ζο να κουνηθεί και να παίξει. Ο Καπιτάνιος γρίνιασε παραπονιάρικα, όμως υποτάχτηκε και σε τούτο το νέο παιχνίδι, και περίμενε τη συνέχεια με το κεφάλι χάμου. Ο πατέρας ξαναπήρε το πιστόλι και πήγε κοντά του. Τόβαλε μέσα στ' αυτί του. Τότες το σκυλί κάνει μονομιάς μια μεταβολή και γυρίζει πάλι κατάφατσα στον πατέρα. Βλέπει το πιστόλι στο χέρι του, γέρνει πλάι το κεφάλι, όπως όταν ήθελε να κάνει νοστιμάδες, το γλύφει. Είναι κρύο το σίδερο. Κοιτάζει τον πατέρα με τα καστανά του μάτια όλο αγάπη. Τον κοιτάζει να καταλάβει. Δοκιμάζει την κάννη με τα δόντια του. Πολύ σκληρή. Άξαφνα καταλαβαίνει. Κουνά την ουρά του. Συλλογιέται πως αυτό το πράμα σίγουρα είναι κάτι που πρόκειται να το τινάξει μακριά ο πατέρας, μέσα στα χόρτα ή μέσα στη θάλασσα, για να τόνε προστάξει κατόπι, όπως πάντα, να χυθεί να του το φέρει. «Αα – πόρτ!» Μέσα στα έξυπνα μάτια του είναι φανερωμένη η νόηση για τη νέα κατεργαριά που του ετοιμάζουν. Τόνε δέσανε, να δούνε πώς θα τα καταφέρει να κάνει το «απόρτ». Αυτό είναι. Καταλαβαίνω πως ο πατέρας δεν μπορεί να τραβήξει τη σκαντάλη όσο τόνε κοιτάζουν έτσι αθώα και τρυφερά, αυτά τα καστανά, τα ανθρωπίσια μάτια. Μια μικρή αστραπή ελπίδας περνά από την καρδιά μου.

Ξαφνικά πιάνει με το δυνατό χέρι του το σκυλί από το σβέρκο, γυρίζει τη μούρη του προς τη θάλασσα και του

lehnte mich an einen Feigenbaum, ohne die beiden aus den Augen zu lassen.

Der Vater zog eine Pistole aus seiner Tasche. Ich kannte seine Pistole. Eine breite, große Browning. Er entsicherte sie, und ich hörte das dumpfe Krachen, als er den Lauf zog, um sie zu laden. Dann näherte er sich dem Hund. Der sprang auf ihn zu, um ihn zu umarmen. Da trat der Vater zurück, legte die Waffe auf den Stein, ging wieder zum Hund und legte die Kette so kurz um den Stamm des Zistrosenstrauches, daß das Tier sich nicht mehr bewegen und spielen konnte. Kapitanios raunzte klagend, aber unterwarf sich auch diesem neuen Spiel und erwartete die Fortsetzung mit dem Kopf am Boden. Der Vater nahm wieder die Pistole und trat nahe an ihn heran. Er hielt sie ihm ins Ohr. Da macht der Hund eine Kehrtwendung und dreht sich frontal dem Vater zu.

Er sieht die Pistole in seiner Hand, neigt den Kopf zur Seite, wie wenn er ein Spielchen machen wollte, er schleckt daran. Kalt ist das Eisen. Er blickt den Vater an mit seinen kastanienbraunen Augen. Ganz Liebe. Er schaut ihn an, um zu verstehen. Er prüft den Lauf mit den Zähnen. Ganz hart. Plötzlich versteht er. Er wedelt. Er denkt, daß dies gewiß ein Ding ist, das der Vater weit werfen wird, ins Gras oder ins Meer, und ihm, wie immer, befehlen wird nachzusetzen, um es ihm zu bringen. «Aa – port!»

In seinen klugen Augen steht das Verständnis für den neuen Streich, den man ihm spielt. Sie haben ihn festgebunden, um zu sehen, wie er es fertigbringen wird, zu apportieren. Das war's. Ich weiß, daß der Vater nicht abdrücken kann, solange ihn diese kastanienbraunen, menschlichen Augen so unschuldig und liebevoll anblicken. Ein kleiner Hoffnungsstrahl geht mir durchs Herz.

Da packt der Vater mit seiner kräftigen Hand den Hund am Nacken, dreht seine Schnauze zum Meer hin und treibt

τραβά την πιστολιά από πολύ κοντά, μέσα στ' αυτί. 'Ολα αυτά έγιναν στη στιγμή. Ο Καπιτάνιος σωριάστηκε χωρίς να γαβγίξει καθόλου. 'Εκανε να σηκώσει μονάχα δυό φορές το κεφάλι προς τα πίσω, όπως σαν ήθελε να χασμουρηθεί, κλώτσησε τα πίσω πόδια και πέθανε γεμάτος απορία.

Ο πατέρας ξανασφάλισε το πιστόλι, τόβαλε πίσω στην τσέπη και διάλεξε από το πεζούλι μια στενόμακρη μαρμαρόπετρα. 'Ελυσε την αλυσίδα από το σκοίνο κ' έδεσε την πέτρα στην άκρη. Κατόπι, χωρίς να με αναγυρέψει με το μάτι, φώναξε:

– 'Ελα!

'Επιασε κείνος τα μπροστινά πόδια μαζί με τη μαρμαρόπετρα, και γώ τα πισινά. 'Εβαλα όλα μου τα δυνατά να φανώ άντρας στα χέρια και στην ψυχή, και μ' όλο που είμουνα ένα χεροδύναμο για την ηλικία μου αγόρι, δυσκολεύτηκα πολύ. Ανοίξαμε τα γόνατα, στεριώσαμε τα πόδια και κουνήσαμε το κουφάρι πάνω από το βάραθρο, μία-δύο ... Στην τρίτη ο πατέρας έκανε «χέι!» όπως σαν έδινε τα όρντινα στο καράβι. Ταμολήσαμε τότες κι απομείναμε στον τόπο, ως που ακούσαμε από κάτου, βαθιά, τη χλαπαταγή πούκανε το κορμί χτυπώντας μέσα στη θάλασσα. Τότες, σα νάταν αυτός ο κούφιος κρότος το τέλος, κοιταχτήκαμε γρήγορα στα μάτια και κινηθήκαμε από τον τόπο.

Ο πατέρας έκαμε το σταυρό του αργά-αργά και ξανακάθησε στην αρχαία πέτρα. 'Εκαμε «ωχ», σα νάγινε ξαφνικά πολύ γέρος και κουρασμένος. 'Ενιωσε ενοχλητικό το μάτι μου απάνω του, έσπρωξε πίσω το κασκέτο του και έβγαλε την ταμπακέρα. Κατόπι μου ξανάριξε μια βιαστική ματιά και μ' έστειλε πίσω. Κούνησε το χέρι του να φύγω κ' είπε:

– 'Αιντε, τράβα σπίτι, κ' έρχομαι ...

Η φωνή του είταν αδύνατη. 'Ηθελε να μείνει μόνος.

Γύρισα στο σπίτι φαρμακωμένος κι αμίλητος. Η μη-

ihm den Pistolenschuß von ganz nah mitten ins Ohr. Das alles geschah in einem Augenblick. Kapitanios brach zusammen, ohne zu bellen.

Nur zweimal versuchte er den Kopf nach hinten zu heben, als wollte er gähnen, dann trat er mit den Hinterbeinen und starb voll Erstaunen.

Der Vater sicherte wieder die Pistole, steckte sie zurück in die Tasche und nahm einen schmalen Marmorstein aus der Mauer. Er löste die Kette von dem Strauch und band den Stein an das Ende. Dann, ohne mich mit den Augen zu suchen, rief er:

«Komm!»

Er packte die Vorderbeine zusammen mit dem Marmorstein, ich die Hinterbeine. Ich nahm meine ganze Kraft zusammen, um als Mann zu erscheinen, an Händen und in der Seele, aber obwohl ich für mein Alter ein kräftiger Junge war, fiel es mir sehr schwer. Wir spreizten die Knie und stemmten die Beine und hievten den Kadaver über den Abgrund, eins, zwei...

Beim drittenmal sagte mein Vater «chi», als würde er Kommandos auf dem Schiff geben. Wir ließen los und verharrten, bis wir von unten tief den Aufprall des Körpers auf der Wasseroberfläche hörten. Dann, als wäre dieser dumpfe Knall das Ende, schauten wir uns schnell in die Augen und verließen den Platz.

Der Vater bekreuzigte sich langsam und setzte sich wieder auf den antiken Stein. Er sagte «ach», als wäre er plötzlich sehr alt und müde geworden. Er empfand mein Auge auf ihm als lästig, schob seine Mütze nach hinten und zog die Tabaksdose heraus. Dann warf er mir einen raschen Blick zu und schickte mich zurück. Er machte mit der Hand ein Zeichen, daß ich gehen sollte, und sagte:

«Los, geh heim, ich komme nach...»

Seine Stimme war schwach. Er wollte allein sein.

Ich ging heim, bitter und schweigsam. Die Mutter saß in

τέρα καθότανε στο χαγιάτι, στο μικρό καναπέ, και μόλις με είδε πάτησε τα κλάματα, ασυγκράτητα. Τότες πήρανε κ' εμένα τ' αναφυλλητά και μαζί μου έκλαιγε κι ο δεύτερος αδερφός.

Τα δυό μικρά, που δεν μπορούσανε να καταλάβουν ακόμα την ορφάνια που έπεσε ξαφνικά μέσα στο σπίτι, είτανε μέσα στην αυλή. Γιόμιζαν παστρικό νερό με το πράσινο ποτιστηράκι του Πετρή τη γαβάθα του σκυλιού. Νάρθει να πιεί νερό ο Καπιτάνιος μας.

der Diele auf dem kleinen Sofa, und sobald sie mich sah, brach sie in Tränen aus, unaufhaltsam weinte sie. Da überkam auch mich das Schluchzen, und mit mir weinte auch der zweite Bruder.

Die beiden Kleinen, denen man die Verwaisung, die plötzlich unser Haus befallen hatte, noch nicht klar machen konnte, waren im Hof und füllten mit Petris' grünem Gießkännchen die Schüssel des Hundes mit frischem Wasser. Damit unser Kapitanios bei seiner Rückkehr Wasser trinken kann.

Το νησάκι που βρίσκεται στα βορεινά της Λέσβου, ανάμεσα Πέτρα και Μόλυβο, είναι γυμνό κι' έρημο. Δεν έχει όνομα, κι' οι ψαράδες που δουλεύουν σ' εκείνες τις θάλασσες το λένε απλά έτσι: «Το νηοί.» Δεν έχει μήτε ένα δέντρο, εξόν από θάμνους. Τρία μίλια μακριά, τα βουνά της Λέσβου συνθέτουν μια ήμερη αρμονία από γραμμή, από κίνηση και χρώμα. Πλάι σ' αυτή τη σπατάλη, το γυμνό νησί με την αυστηρή γραμμή του φαίνεται ακόμα πιο έρημο. Σα να το είχε ξεχάσει ο Θεός όταν έχτιζε τις στεριές κι' έκανε τις θάλασσες στις εφτά πρώτες μέρες του κόσμου.

Μα απ' τούτη τη γυμνή λουρίδα της γης μπορείς να δεις, το καλοκαίρι, τον ήλιο να πέφτει μέσα στο ατέλειωτο πέλαγο. Τότε τα χρώματα βάφουν τα νερά, κι' ολοένα αλλάζουν, κάθε στιγμή, σα να λιώνουν μες στ' αλαφρά κύματα. 'Οταν τα βράδια είναι πολύ καθαρά, μπορείς να ξεχωρίσεις τα βουνά του 'Αθω να βγαίνουν μέσα απ' το πέλαγο και, σιγά, πάλι να σβήνουν μαζί με τη νύχτα που έρχεται. Αυτή την ώρα ο μπαρμπα-Δημήτρης, ο μοναχικός κάτοικος του έρημου νησιού, θα κάμει την τελευταία κίνηση που τον ενώνει με τους ανθρώπους και με τη ζωή: Θ' ανάψει το φως στο φάρο. Το φως θ' αρχίσει ν' ανάβει, να σβήνει, πάλι, πάλι, στο ίδιο διάστημα, αυστηρά, αναπόφευχτα, όπως οι σκοτεινές δυνάμεις της ζωής, η μοίρα του ανθρώπου, ο θάνατος.

Ο γερο-φαροφύλακας τράβηξε τη βάρκα στον άμμο. Τη σιγούραρε καλά, μην τυχόν τη νύχτα γυρίσει ο καιρός και φουσκώσουν τα νερά. Την κοίταξε για τελευταία φορά, πριν πάρει το δρόμο για το φάρο.

– Λοιπόν, πάει κι' αυτό το ταξίδι ..., λέει σιγά.

Το λέει μονάχος του και σωπαίνει. Το ταξίδι αυτό, στην αντικρινή στεριά, γίνεται μια φορά το μήνα. Πηγαίνει

Elias Venesis: Die Möwen

Die kleine Insel im Norden von Lesbos, zwischen Petra und Molyvos, ist karg und öde. Sie hat keinen Namen, und die Fischer, die in den Gewässern dort arbeiten, nennen sie einfach «die Insel». Sie hat keinen einzigen Baum, nur Gebüsch. Drei Meilen von ihr entfernt bilden die Berge von Lesbos eine ruhige Harmonie aus Linie, Bewegung und Farbe. Neben dieser Üppigkeit wirkt die kahle Insel mit ihren strengen Umrissen noch verlassener. Als hätte Gott sie vergessen, bei der Erschaffung des Landes und des Meeres in den ersten sieben Tagen auf der Welt.

Von diesem kargen Streifchen Land aus kann man im Sommer die Sonne in das unendliche Meer sinken sehen. Dann verfärbt sich das Gewässer, die Farben wechseln jede Sekunde, als lösten sie sich in den leichten Wellen auf. Sind die Abende sehr klar, kann man erkennen, wie das Bergmassiv des Athos aus dem Meer emporsteigt und mit der einbrechenden Nacht langsam dahinschwindet. Zu dieser Stunde wird Barba-Dimitris, der einzige Bewohner der einsamen Insel, seinen letzten Gang machen, der ihn mit den Menschen und dem Leben verbindet: Er wird das Licht im Leuchtturm anzünden. Das Licht wird angehen und ausgehen, immer im gleichen Abstand, streng und unabänderlich, wie die dunklen Mächte des Lebens, das Schicksal des Menschen, der Tod.

Der alte Leuchtturmwärter zog das Boot auf den Sand. Er machte es sorgfältig fest für den Fall, daß sich in der Nacht das Wetter ändern und das Wasser steigen würde. Er warf noch einen letzten Blick darauf, bevor er den Weg zum Leuchtturm einschlug.

«Diese Fahrt ist also auch vorüber...», sagt er leise.

Er sagt es nur zu sich, und dann schweigt er. Die Fahrt zum gegenüberliegenden Festland geschieht einmal im Mo-

για τις προμήθειες του, για το αλεύρι, το λάδι και για τα γεννήματα που του χρειάζουνται. Στην αρχή, σε κάθε ταξίδι, έμενε όλη τη μέρα στο χωριό. Μιλούσε με παλιούς του φίλους, μάθαινε νέα για τη χώρα, για τον κόσμο, αν οι άνθρωποι ήταν σε πόλεμο γιά είχαν ειρήνη.

Ο τελωνοφύλακας του έδινε το μισθό του.

– Λοιπόν, και τον άλλο μήνα με το καλό, μπαρμπα-Δημήτρη.

Ο γέρος κουνούσε το κεφάλι του κι' ευχαριστούσε.

– Με το καλό, αν θάχουμε ζωή, παιδί μου.

Τις άλλες ώρες, ώσπου να γυρίσει στο «νησί του», τις περνούσε ανεβαίνοντας στη μικρή Παναγιά, στο βράχο με τα εκατό σκαλιά, να κάμει την προσευχή του. Σταύρωνε τα χέρια του μπροστά στο παλιό εικόνισμα, χαμήλωνε το κεφάλι και προσευχόταν για τα δυο αγόρια του που χάθηκαν στην καταστροφή της Ανατολής, για τους άλλους ανθρώπους, τελευταία για τον εαυτό του.

– Αν ζούνε, προστάτευέ τα, παρακαλούσε για τα παιδιά του. Φύλαγέ τα από θυμό κι' από κακή ώρα. Φύλαγέ τα απ' το μαχαίρι ...

Μουρμούριζε τους χαιρετισμούς, ό,τι άλλο ήξερε από προσευχή, και τα γερασμένα πόδια του τρέμαν.

– Κι' εμένα, καιρός πια είναι να ξεκουραστώ ..., έλεγε και βουρκώναν τα μάτια του.

Κατέβαινε τα εκατό σκαλιά κάθε φορά με πιο αλαφρή καρδιά. Στο δρόμο στεκόταν και κοίταζε τα παιδάκια που παίζαν. Τον ξέραν όλα, και σαν τον βλέπανε βάζαν τις φωνές:

– Μπαρμπα-Δημήτρη! Μπαρμπα-Δημήτρη!

Τους αγόραζε φουντούκια και τους τα μοίραζε, κι' εκείνα φωνάζαν χαρούμενα:

– Μην αργήσεις να ξανάρθεις, παππούλη! Μην αργήσεις!

Έτσι γινόταν σε κάθε ταξίδι κάθε φορά. Μα όσο τα χρόνια περνούσαν, τόσο ξεσυνήθιζε με τους ανθρώπους.

nat. Er fährt hinüber, um Vorräte zu besorgen, Mehl, Öl und was er sonst an Lebensmitteln braucht. Früher blieb er bei jeder Fahrt den ganzen Tag im Dorf. Er sprach mit seinen alten Freunden, hörte Neuigkeiten vom Festland, aus der Welt, ob die Menschen miteinander Krieg oder Frieden hatten.

Der Zöllner zahlte ihm sein Gehalt aus.

«Also bis zum nächsten Monat, wenn Gott will, Barba-Dimitris.»

Der Alte nickte und dankte.

«Wenn Gott will und wir am Leben sind, mein Junge.»

Die übrigen Stunden bis zur Rückkehr auf seine Insel verbrachte er damit, zur kleinen Muttergottes auf dem Felsen mit den hundert Stufen hinaufzusteigen und zu beten. Er faltete die Hände vor der alten Ikone, neigte den Kopf und betete für seine beiden Söhne, die in der kleinasiatischen Katastrophe verschollen waren, danach für die anderen Menschen und zum Schluß für sich selbst.

«Beschütze sie, wenn sie noch leben», betete er für seine Kinder. «Bewahre sie vor Zorn und böser Stunde. Bewahre sie vor dem Messer...»

Er murmelte die Litaneien und was er sonst noch an Gebeten wußte, und seine alten Beine zitterten.

«Und für mich ist es an der Zeit, daß ich mich ausruhe...», sagte er, und Tränen traten ihm in die Augen.

Jedes Mal stieg er mit erleichtertem Herzen die hundert Stufen hinab. Auf der Straße blieb er stehen und schaute den spielenden Kindern zu. Alle kannten ihn, und wenn sie ihn sahen, fingen sie an zu rufen:

«Barba-Dimitris! Barba-Dimitris!»

Er kaufte Haselnüsse und teilte sie aus und die Kinder riefen fröhlich:

«Komm bald wieder, Opa, komm bald wieder!»

So ging es auf jeder Fahrt, jedes Mal. Aber im Laufe der Zeit entwöhnte er sich der Menschen. Die Einsamkeit nahm

Η ερημιά ολοένα τον κυρίευε, μέρα με τη μέρα, τον απορροφούσε, σα να στάλαζε μες στην υπαρξή του τη φοβερή της δύναμη. Σε κάθε ταξίδι λιγόστευε, όσο μπορούσε, τον καιρό που έπρεπε να μείνει στο χωριό για τις δουλειές του.

Έκοψε και το ανέβασμα στην εκκλησίτσα του βράχου.

– Συχώρεσέ με γιατί πια δε μπορώ, έλεγε στο Θεό, σα να είχε κάμει αμαρτία. Παντού μπορώ να σε παρακαλώ για να βλέπεις πόσο είμαι αδύναμος.

Κι' όταν γύριζε στο νησί του, ύστερα από κάθε ταξίδι, έμενε πολύ αργά τη νύχτα, κάτω απ' τα άστρα, να προσεύχεται.

Δε ρωτούσε πια νέα, τι γίνεται στον κόσμο. Δεν ήξερε τίποτα. Όλος ο κόσμος στένευε, μέρα με τη μέρα, γύρω στο έρημο νησί, κι' έκλεινε με το βαθύ πέλαγο και με τα χρώματα, σαν έγερνε ο ήλιος.

Οι τελευταίοι σύντροφοι που άλλαζε πότε-πότε καμιά κουβέντα μαζί τους ήταν ψαράδες που, σα δεν τους έπαιρνε ο καιρός, άραζαν για λίγο στο νησί του. Μέναν εκεί στην ακρογιαλιά, όπου ερχόταν να σβήσει το κύμα, και λέγαν για τα βάσανά τους και για τη μοίρα τους. Πολλές φορές ξενυχτούσαν εκεί. Τότε, στις μακριές ώρες ώσπου να χαράξει, όταν οι άλλες κουβέντες τέλειωναν, ερχόταν και η επίσημη ώρα για τα δυό παιδιά του.

– Ποιός το ξέρει ..., του λέγαν οι ψαράδες. Μπορεί να ζούνε και νάρθουν, μπαρμπα-Δημήτρη. Έτσι σαν τους γλάρους σου που γύρισαν.

Δε μιλούσε, δε σάλευε, τα ήμερα μάτια του μένανε στυλωμένα στο βάθος της νύχτας.

– Ναι, μπαρμπα-Δημήτρη, σαν τους γλάρους σου. Έτσι μπορούν να γυρίσουν και νάρθουν. Μην απελπίζεσαι.

Οι ψαράδες, τότε, μ' αυτή την αφορμή, φέρναν την κουβέντα στους γλάρους του γέρου.

– Αλήθεια, του λέγανε, πώς μπόρεσες να τους μερώσεις

Tag für Tag mehr von ihm Besitz, saugte ihn aus und schien in sein Wesen ihre schreckliche Macht hineinzuträufeln. Bei jeder Fahrt bemaß er die Zeit, die er für seine Besorgungen im Dorfe verweilte, so kurz wie möglich.

Auch den Aufstieg zum Kirchlein auf dem Felsen gab er auf.

«Vergib mir, daß ich nicht mehr kann», sagte er zu Gott, als ob er eine Sünde begangen hätte. «Überall kann ich zu dir beten. Du siehst, ich habe keine Kraft mehr.»

Nach jeder Fahrt, wenn er auf seine Insel zurückkehrte, blieb er bis spät in der Nacht draußen unter den Sternen, um zu beten.

Er fragte nicht mehr nach Neuigkeiten, nach dem, was in der Welt geschah. Er wußte nichts. Die Welt war Tag für Tag auf die einsame Insel eingeengt, sie endete mit dem tiefen Meer und den Farben der untergehenden Sonne.

Die letzten Kameraden, mit denen er sich dann und wann unterhielt, waren Fischer, die, wenn sie zu spät dran waren, für eine kurze Weile an seiner Insel anlegten. Sie blieben am Strand, wo sich die Welle brach und erzählten von ihren Mühen und Geschicken. Viele Male übernachteten sie dort. Wenn dann in den langen Stunden bis zum Anbruch des Tages die Unterhaltung verebbt war, kam für ihn die Stunde, von seinen Kindern zu sprechen.

«Wer weiß...», sagten die Fischer zu ihm. «Vielleicht leben sie und werden kommen, Barba-Dimitris. So wie deine Möwen – und die sind zurückgekommen.»

Er sprach nicht, er rührte sich nicht, seine sanften Augen blickten starr in die Tiefe der Nacht.

«Ja, Barba-Dimitris, wie deine Möwen. So können auch sie zurückkehren, wiederkommen. Gib die Hoffnung nicht auf!»

Unter diesem Vorwand brachten die Fischer das Gespräch auf die Möwen des Alten.

«Wirklich», so sagten sie zu ihm, «wie hast du es fertig

μπαρμπα-Δημήτρη; Πουθενά δεν ακούστηκε να μερώνουν οι γλάροι ...

– 'Ετσι είναι, παιδιά μου, μουρμούριζε αυτός. 'Ολα μερώνουν εδώ κάτου. Μοναχά ο άνθρωπος ...

Τον ρωτούσαν να τους πει πάλι την ιστορία με τους γλάρους, μ' όλο που την ξέραν, όπως την ξέραν κι' όλοι όσοι ζούσαν στην αντικρινή στεριά. Τα είχε βρει μικρά, μες στους βράχους, δυό γλαρόπουλα αμάλλιαγα ακόμα. 'Ηταν χειμώνας τότε, τα λυπήθηκε και τα κουβάλησε στο καλύβι του, πλάι στο φάρο. Τα κράτησε και τα μεγάλωσε, ταΐζοντάς τα μικρά ψάρια που έπιανε το δίχτυ του. Μια μέρα του ήρθε η ιδέα να τους βγάλει από ένα όνομα.

«Ε, λοιπόν, εσένα θα σε λέμε ...»

Μες στις αναμνήσεις του, μες στην καρδιά του, κείνη την ήμερη ώρα τριγυρίζανε τα δυό παιδικά πρόσωπα, τον καιρό που ήταν πολύ μικρά και τα φώναζε.

«Λοιπόν ..., εσένα να σε λέμε Βασιλάκη, είπε στο ένα πουλί. Κι' εσένα να σε λέμε Αργύρη ...»

'Ετσι, από τότε άρχισε να τα φωνάζει με τα ονόματα τών παιδιών του. Κι' οι γλάροι σιγά-σιγά τα συνηθίσανε.

Σα μεγάλωσαν κι' ήρθε η άνοιξη, ένα πρωί σκέφτηκε πως είναι αμαρτία να έχει σκλαβωμένα τα πουλιά. Αποφάσισε να τα λευτερώσει. 'Ανοιξε το μεγάλο καλαμένιο κλουβί κι' έπιασε πρώτα το ένα πουλί. Το κράτησε μες στα δυό του χέρια, το χάιδεψε. Αισθανόταν την καρδιά του να είναι πολύ αλαφρή.

«'Αιντε, λοιπόν, Βασίλη!» είπε στο πουλί, και άνοιξε τα χέρια του να το αφήσει να φύγει.

Το πουλί πέταξε, έφυγε.

'Εβγαλε και το άλλο, το χάιδεψε σαν το πρώτο, το άφησε κι' αυτό. 'Ολα ήταν ήμερα κείνη τη μέρα, και η νύχτα που ήρθε ήταν ήμερη. Μονάχα που αισθανόταν να είναι ακόμα πιο έρημος.

Το ίδιο βράδυ είχε αποτραβηχτεί νωρίς, όταν άκουσε

gebracht, sie zu zähmen. Noch nie hat man gehört, daß Möwen gezähmt worden sind...»

«Aber es ist so, Kinder», murmelte er. «Alles wird hier unten zahm. Nur der Mensch...»

Sie baten ihn, noch einmal die Geschichte von den Möwen zu erzählen, obwohl sie sie kannten, wie auch alle Leute am Ufer drüben sie kannten. Barba-Dimitris hatte sie ganz klein zwischen den Felsen gefunden, zwei Möwenkinder, noch ohne Federn. Es war Winter damals, sie taten ihm leid, er brachte sie in seine Hütte neben dem Leuchtturm. Er behielt sie und zog sie groß, indem er sie mit kleinen Fischen fütterte, die er in seinem Netz fing. Eines Tages kam ihm der Gedanke, ihnen Namen zu geben.

«Also dich werden wir nennen...»

In seinen Erinnerungen, in seinem Herzen kreisten in dieser sanften Stunde zwei kindliche Gesichter aus der Zeit, als die Kinder noch sehr klein waren, und er sie rief:

«Also dich werden wir Vassilaki nennen», sagte er zu dem einen Vogel. «Und dich Argyris...»

Von da an rief er sie mit den Namen seiner Kinder. Die Möwen gewöhnten sich langsam daran.

Eines Morgens, als sie schon groß geworden waren und der Frühling kam, dachte er, daß es eine Sünde sei, die Vögel in Gefangenschaft zu halten. Er beschloß, ihnen die Freiheit zu schenken. Er öffnete den großen Käfig aus Schilfrohr und griff erst den einen Vogel. Er hielt ihn in beiden Händen und streichelte ihn. Er spürte, wie ihm leicht ums Herz wurde.

«Also, los, Vassilis», sagte er zu dem Vogel und öffnete seine Hände, um ihn wegfliegen zu lassen.

Der Vogel flog davon und war fort.

Er nahm auch den anderen heraus, streichelte ihn wie den ersten und entließ ihn. Alles war sanft an diesem Tag, und die anbrechende Nacht war ebenso sanft. Nur, daß er sich noch einsamer fühlte.

Diesen Abend nun war er früh hineingegangen; da hörte

στο μικρό παράθυρο της καλύβας αλαφριά χτυπήματα. Πλησίασε και κοίταξε. Δεν το πίστευε. Πετούσε απ' τη χαρά του σα να ήταν τα παιδιά του που γύριζαν.

'Ανοιξε την πόρτα να μπουν μέσα οι γλάροι.

Από τότε αυτό γινόταν: Τα πουλιά φεύγαν το πρωί ταξιδεύανε ως τις αντικρινές στεριές της Ανατολής, ως πέρα στο Σίγρι, και τα βράδια γύριζαν. 'Εκαναν κοπάδι μαζί με άλλους γλάρους, και πολλές φορές πετούσαν πάνω απ' τό ρημονήσι.

Αν ήταν χαμηλά, ο γέρος μπορούσε να τους ξεχωρίσει απ' τα σταχτιά σημάδια που είχαν κάτω απ' τις φτερούγες. Σαν έβγαινε με τη βάρκα κι' αυτοί τριγύριζαν εκεί σιμά, χαμήλωναν και τσίριζαν από πάνω του. Τους είχαν μάθει κι' οι άλλοι ψαράδες στα μέρη εκείνα. Και σαν τους βλέπανε φωνάζαν γελώντας:

– Ε, Βασίλη! ... Ε, Αργύρη! ...

'Ετσι περνούσαν οι μέρες στο ρημονήσι. Η μια, η άλλη, αυτή που πέρασε, αυτή που θάρθει. Μια αδιατάραχτη σειρά από μέρες και νύχτες που δεν είχαν τίποτα να περιμένουν, άλλο απ' το θάνατο.

Μια βραδιά του καλοκαιριού έγινε κάτι ασυνήθιστο. Οι γλάροι δε γύρισαν. Μήτε την άλλη μέρα φάνηκαν, μήτε την άλλη νύχτα.

– Μπορεί να ταξιδέψαν μακριά, συλλογίστηκε ο γέρος για να ξεγελάσει την ανησυχία του.

Το άλλο πρωί, όπως συνήθιζε, κάθισε στο πεζούλι του φάρου. Κοίταξε το πέλαγο. Μια στιγμή του φάνηκε πως η θάλασσα αυλακωνόταν, κανένα μίλι μακριά, σα να περνούσαν δελφίνια και παίζαν. Πολλές φορές έβλεπε στ' ανοιχτά να περνούν δελφίνια. Τα παρακολουθούσε να γράφουν τις αργές κινήσεις τους όξω απ' το νερό, πάλι να πέφτουν.

– Δελφίνια θα είναι και τώρα.

Μα σε λίγο είδε καθαρά πως δεν ήταν.

er am kleinen Fenster der Hütte ein leichtes Klopfen. Er trat näher und sah nach. Er konnte es nicht fassen. Er war außer sich vor Freude, als wären es seine Kinder, die zurückkehrten.

Er öffnete die Türe, damit die Möwen hereinkämen.

Von da an geschah immer das gleiche: Die Vögel flogen am Morgen fort, zogen hinüber ans anatolische Festland bis nach Sigri, und kehrten am Abend heim. Sie bildeten einen Schwarm zusammen mit anderen Möwen und flogen oft über die einsame Insel. Wenn sie tief flogen, konnte der Alte sie an der grauen Zeichnung unterscheiden, die sie unten an den Flügeln hatten. Wenn er mit dem Boot hinausfuhr und sie flogen in der Nähe herum, gingen sie tiefer und kreischten über ihm. Auch die anderen Fischer in dieser Gegend kannten inzwischen die Möwen, und wenn sie sie sahen, riefen sie lachend:

«He, Vassilis! . . . He, Argyris! . . .»

So vergingen die Tage auf der einsamen Insel. Einer um den anderen. Tage gingen, Tage kamen. Eine Reihe ungetrübter Tage und Nächte, die nichts erwarten ließen als den Tod.

An einem Abend im Sommer geschah etwas Ungewöhnliches. Die Möwen kehrten nicht zurück. Weder am nächsten Tag noch in der nächsten Nacht wurden sie gesehen.

«Vielleicht haben sie eine weite Reise gemacht», dachte der Alte, um seine Unruhe zu betäuben.

Am nächsten Morgen setzte er sich wie gewohnt auf den Vorplatz des Leuchtturms. Er schaute hinaus aufs Meer. Einen Augenblick schien es ihm, als bilde das Meer Furchen, eine Meile weit draußen, als zögen Delphine vorbei und spielten. Oft hatte er auf dem offenen Meer vorüberziehende Delphine gesehen. Er hatte ihre ruhigen Bewegungen beobachtet, mit denen sie aus dem Wasser auftauchten und wieder hineinglitten.

«Es werden Delphine sein.»

Nach einer Weile sah er deutlich, daß es keine waren.

– Άνθρωποι είναι! είπε ξαφνιασμένος.

Κατέβηκε στο ακρογιάλι και περίμενε. Σε λίγο ξεχώρισε πως ήταν ένα αγόρι κι' ένα κορίτσι. Κολυμπούσαν πλάι-πλάι, με αργές κινήσεις, γεμάτες βεβαιότητα. Και το μικρό κύμα έκλεινε πάνω στο αυλάκι που άφηναν.

– Τι να θέλουν;

Δε θυμόταν άλλη φορά να είχαν έρθει κατά κει για κολύμπι άνθρωποι. Κι' ύστερα, δε φαινόταν εκεί γύρω καμιά βάρκα απ' όπου να είχαν πέσει.

Σε λίγη ώρα είχαν φτάσει.

Τα δυό βρεμένα κορμιά τινάζουνται απ' τη θάλασσα στ' ακρογιάλι.

Το αγόρι κοιτάζει το κορίτσι μες στα μάτια και τεντώνει τα χέρια του ψηλά.

– Αχ! λέει παίρνοντας βαθιά ανάσα. Τι καλά που ήταν!

Το κορίτσι κάνει την ίδια κίνηση με τα χέρια. Πιο αργά:

– Τι καλά που ήταν!

Ύστερα τρέξαν προς το φαροφύλακα.

– Εσύ 'σαι ο μπαρμπα-Δημήτρης; λέει το αγόρι.

Έστεκε με χαμηλωμένο το κεφάλι, γεμάτος συστολή, αντίκρυ στο γυμνό σώμα του κοριτσιού που έλαμπε μες στον πυρόν ήλιο.

– Εγώ είμαι, λέει με ταραχή. Μπας και σας έτυχε τίποτα;

– Α μπα! βιάζεται να πει το αγόρι. Είπαμε χτες να κάμουμε αυτό το ταξίδι με τη φίλη μου, και νά που ήρθαμε.

– Από πού; ρωτά ο γέρος με απορία.

– Μα απ' αντίκρυ, απ' την Πέτρα.

Ο μπαρμπα-Δημήτρης δεν ξέρει τι να πει, μουρμουρίζει μονάχα πως δε θυμάται να του είχαν έρθει άλλη φορά ξένοι με τέτοιο ταξίδι.

Άρχισαν ν' ανεβαίνουν προς το φάρο.

«Es sind Menschen!» sagte er überrascht.

Er ging hinunter zum Strand und wartete. Bald konnte er erkennen, daß es ein Junge und ein Mädchen waren. Sie schwammen nebeneinander mit langsamen, sicheren Bewegungen. Die schwache Dünung endete in der Furche, die sie hinterließen.

«Was sie wohl hier wollen?»

Er konnte sich nicht erinnern, daß jemals Menschen hierher gekommen wären um zu schwimmen. Man sah auch kein Boot in der Nähe, aus dem sie hätten abspringen können.

Nach einiger Zeit waren sie am Ziel.

Die beiden nassen Körper springen aus dem Wasser an den Strand.

Der Junge sieht dem Mädchen in die Augen und reckt die Arme in die Höhe.

«Ah», sagt er, tief Atem holend, «war das schön!»

Das Mädchen macht die gleiche Bewegung mit den Armen und sagt langsamer:

«Es war so schön!»

Dann laufen sie zum Leuchtturmwärter.

«Bist du Barba-Dimitris?» fragt der Junge.

Barba-Dimitris steht mit gesenktem Kopf, voller Scheu vor dem nackten Körper des Mädchens, der in der heißen Sonne glänzt.

«Ja, das bin ich», sagt er unruhig. «Ist euch etwas zugestoßen?»

«Ach, nein», sagt der Junge rasch. «Gestern haben wir uns, meine Freundin und ich, diesen Ausflug vorgenommen, und da sind wir!»

«Woher kommt ihr», fragt der Alte verwundert.

«Von drüben, von Petra.»

Barba-Dimitris weiß nicht, was er sagen soll. Er murmelt nur, daß er sich nicht erinnern könne, daß jemals auf solche Weise Besuch zu ihm gekommen wäre.

Sie gehen auf den Leuchtturm zu.

Περπατούσε πρώτος, τα παιδιά ακολουθούσαν. Δε θα ήταν το καθένα περισσότερο από δεκαοχτώ, δεκαενιά χρονώ. Κι' εκείνος βάδιζε μπρος, και τα χρόνια βάραιναν στους ώμους του, σα να του ζητούσαν την ευθύνη γιατί δεν τ' άφηνε πια, να ξεκουραστούν.

Κάθισαν στο πεζούλι του φάρου. Μπροστά τους το Αιγαίο ακύμαντο, ο ήλιος έτρεμε πάνω του.

– Από που έρχεστε; ρώτησε ο γέρος.

– Σπουδάζουμε στην Αθήνα, είπε το κορίτσι. Εγώ σπουδάζω χημικός κι' ο φίλος μου στο Πολυτεχνείο.

– Α, αλήθεια! ... μουρμουρίζει ο γέρος χωρίς να καταλαβαίνει.

– Έχεις πάει καμιά φορά στην Αθήνα, παππούλη; ρωτά το κορίτσι.

– Όχι. Ποτές.

– Θα το ήθελες τώρα;

Η φωνή του είναι σιγανή, μόλις ακούεται:

– Όχι, παιδί μου. Τώρα είναι αργά.

– Θα είσαι πολύ μονάχος εδώ, παππούλη.

– Είμαι πολύ μονάχος, παιδί μου.

Σώπασαν. Πέρασε λίγη ώρα. Ψηλά πέρασε ένα κοπάδι γλάροι. Ο γέρος σηκώνεται και μπαίνει στό καλύβι να φέρει γλυκό. Απ' το μικρό παράθυρο μπορεί να βλέπει τα δυό παιδιά, έτσι που είναι ξαπλωμένα. Στα κορμιά τους και στα προσωπά τους τρέμουν ακόμα στάλες απ' τη θάλασσα. Ο ήλιος τα έχει ψήσει αλύπητα, είναι κει σα δυό αγάλματα από μπρούντζο που τα ξέβρασε το πέλαγο – μια θεότητα της υγείας και μια θεότητα της νεότητας. Τα μαύρα μαλλιά του κοριτσιού πέφτουν πάνω στους ώμους του, και στα μεγάλα μαύρα μάτια του σαλεύει βαθύ φως. Το αγόρι ανασηκώνεται και σκύβει σ' αυτό το πρόσωπο που το αγιάζει το βαθύ φως. Το κοιτάζει σα ναρκωμένος, ύστερα απλώνει σιγά τα χέρια του να το χαϊδέψει.

– Χρυσούλα ..., μουρμουρίζει μονάχα τ' ονομά της, και τα χείλια του τρέμουν από συγκίνηση.

Er geht voraus. Die Kinder folgen. Sie sind wohl kaum älter als achtzehn, neunzehn Jahre. Er geht voran, und die Jahre drücken auf seine Schultern, als ob sie fragten, warum er sie noch nicht ausruhen läßt.

Sie setzten sich auf den Platz vor dem Leuchtturm. Vor ihnen die wellenlose Ägäis, darüber die flimmernde Sonne.

«Woher seid ihr?» fragt der Alte.

«Wir studieren in Athen», sagt das Mädchen. «Ich studiere Chemie, mein Freund geht auf die Technische Hochschule.»

«Ah, wirklich . . .», murmelt der Alte, ohne richtig zu verstehen.

«Warst du schon einmal in Athen, Großväterchen?» fragt das Mädchen.

«Nein, noch nie.»

«Und jetzt? Möchtest du?»

Seine Stimme ist leise, kaum hörbar:

«Nein, Kind. Dafür ist es zu spät.»

«Du mußt hier sehr einsam sein, Großväterchen.»

«Ich bin sehr einsam, mein Kind.»

Sie schwiegen. Kurze Zeit verging. Oben hoch zog eine Schar Möwen vorbei. Der Alte steht auf, geht in die Hütte, um Sirupfrüchte zu holen. Durch das kleine Fenster kann er sehen, wie die Kinder daliegen. Auf ihren Körpern und Gesichtern zittern noch Wassertropfen. Die Sonne hat sie erbarmungslos verbrannt. Sie sind wie zwei Bronzestatuen, die das Meer angespült hat – eine Gottheit der Gesundheit und eine Gottheit der Jugend. Dem Mädchen fallen die schwarzen Haare auf die Schultern, und in ihren schwarzen Augen ist ein tiefes Leuchten. Der Junge richtet sich auf und neigt sich über dieses Gesicht, das von innerem Licht verklärt wird. Er betrachtet das Mächen wie betäubt, dann streckt er langsam die Hand aus, um sie zu streicheln.

«Chrysoula.» Er murmelt nur ihren Namen, seine Lippen zittern vor Bewegung.

Τα μεγάλα μαύρα μάτια σηκώνουνται. Μένουν μια λίγη στιγμή ακίνητα, στυλωμένα στο πρόσωπο του αγοριού. Ύστερα μπλέκει τα χέρια της στο κεφάλι του και τον φιλά θερμά.

Έτσι απλά και ήμερα είναι όλα στο ρημονήσι αυτή την ιερή ώρα. Έτσι ήμερα είναι και μες στην καρδιά του γέρου ανθρώπου. Είναι πλημμυρισμένος, τούτο το καλοκαιρινό πρωινό, είναι βουρκωμένος. Αυτή η απρόοπτη τρυφερότητα που ήρθε να ταράξει την ερημιά του, τα ακίνητα νερά ...

– Παππούλη, νάρθουμε κι' εμείς μέσα; του φωνάζει απέξω το κορίτσι.

– Έρχουμαι εγώ, έρχουμαι! λέει ταραγμένος.

Τους έφερε γλυκό, αμύγδαλα, κρύο νερό.

– Δεν έχω τίποτα άλλο ..., μουρμουρίζει σα να θέλει να τον συχωρέσουν.

– Κάθισε, κάθισε παππούλη, – τον πιάνει το κορίτσι απ' το χέρι να καθίσει πλάι του.

Κάθισε.

– Ελάτε και αύριο, τους λέει δειλά. Θα ψαρέψω για σας τη νύχτα.

– Αύριο φεύγουμε, απαντά το κορίτσι με λύπη. Κρίμα, τόσες μέρες που ήμαστε εδώ να μην ερχόμαστε! Είσαι πάντα έτσι έρημος, παππούλη;

– Πάντα, παιδί μου.

– Α, τώρα καταλαβαίνω τι ήταν οι γλάροι ..., μουρμουρίζει το αγόρι.

– Ναι, παιδί μου, αυτό είναι. Η ερημιά.

– Θα πρέπει να τους συχωρέσεις, παππούλη, λέει πάλι το αγόρι σε λίγο. Αν ήξεραν δε θα το έκαναν ποτέ.

Ο γέρος δεν καταλαβαίνει. Στέκει με απορία.

– Για ποιούς λες, παιδί μου;

– Γι' αυτούς που σκοτώσαν τους γλάρους σου λέω, μπαρμπα-Δημήτρη. Είναι φίλοι μας.

Die großen schwarzen Augen blicken auf. Sie bleiben einen kurzen Augenblick starr auf das Gesicht des Jungen geheftet. Dann schlingt sie ihre Arme um seinen Kopf und küßt ihn fest.

So einfach und sanft ist alles auf der einsamen Insel in dieser heiligen Stunde. Auch in dem Herzen des alten Mannes ist alles sanft. Er ist ergriffen an diesem Sommermorgen, den Tränen nahe. Die unerwartete Zärtlichkeit, die gekommen ist, um seine Einsamkeit aufzuwühlen, die regungslosen Wasser...

«Großväterchen, sollen wir hineinkommen?» ruft ihm das Mädchen von draußen zu.

«Ich komme, ich komme!» sagt er aufgeregt.

Er bringt ihnen Sirupfrüchte, Mandeln, kaltes Wasser.

«Sonst hab ich nichts...» murmelt er, als ob er um Verzeihung bäte.

«Setz dich, setz dich, Großväterchen»; das Mädchen nimmt ihn bei der Hand, damit er sich neben sie setze.

Er tut es.

«Kommt auch morgen wieder», sagt er zögernd zu ihnen. «In der Nacht werde ich für euch Fische fangen.»

«Morgen reisen wir ab», antwortet das Mädchen traurig. «Schade, so viele Tage waren wir hier und sind nicht hierher gekommen! Bist du immer so einsam, Großväterchen?»

«Ja, mein Kind, immer.»

«Ah, jetzt verstehe ich, was es mit den Möwen auf sich hatte...», murmelt der Junge.

«Ja, mein Kind, so ist es. Die Einsamkeit.»

«Du mußt ihnen verzeihen, Großväterchen», sagt der Junge nach einer Weile. «Wenn sie es gewußt hätten, dann hätten sie es niemals getan.»

Der Alte versteht nicht. Er ist erstaunt.

«Von wem sprichst du, mein Kind?»

«Von denen, die deine Möwen getötet haben, Barba-Dimitris. Es sind Freunde von uns.»

Καταλαβαίνει τα γόνατά του να τρέμουν, η καρδιά του χτυπά.

– Τους σκοτώσαν είπες;

– Α, δεν το ήξερες ακόμα; ...

Το παιδί δαγκάνει τα χείλια του, μα είναι αργά. Του λέει την ιστορία: Πως κυνηγούσαν, όλη η νεολαία, ύστερα κατεβήκαν στην ακρογιαλιά· οι δυό γλάροι χαμήλωσαν απ' το άλλο κοπάδι, ο φίλος τους τράβηξε πάνω τους για να δοκιμάσει. 'Υστερα, κάτι ψαράδες εκεί σιμά, γνώρισαν τις σταχτιές φτερούγες.

Ο γέρος ακούει, ακούει, – δεν είναι τίποτα, δυό γλάροι ήταν.

– Δεν ήξεραν, παππούλη ..., λέει με θερμή φωνή το κορίτσι, συγκινημένο απ' τη βουβή λύπη που βλέπει στο γερασμένο πρόσωπο. Δεν ήξεραν ...

Κι' εκείνος κουνά μόλις, αργά, το κεφάλι του, συγκατανεύοντας:

– Ναι, ναι, παιδί μου, Δε θα ξέραν ...

Αρκετή ώρα πέρασε.

– Πρέπει να φύγουμε, λέει το αγόρι.

Το κορίτσι σηκώνεται.

– Να φύγουμε.

Πηγαίνουν μπροστά, ο γέρος έρχεται λίγο πίσω τους.

Φτάσαν στην ακρογιαλιά.

– Σε χαιρετούμε, παππούλη, λέει πρώτο το κορίτσι.

Πιάνει το χέρι του, σκύβει να το φιλήσει. Κι' αυτός της χαϊδεύει τα μακριά μαλλιά.

– Να σας βλογά ο Θεός, μουρμουρίζει συγκινημένος.

'Εφυγαν. Παρακολουθεί πολλή ώρα το μικρό αυλάκι που κάνουν τα κορμιά τους στη θάλασσα. 'Ωσπου όλα σβήνουν απ' τα μάτια του. Και το πέλαγο είναι πάντα έρημο και ατελείωτο.

Νυχτώνει. 'Εχει καθίσει στο πεζούλι, οι ώρες περνούν. 'Ολα περνούν απ' τα θολωμένα μάτια του: τα μικρά

Der Alte spürt seine Knie zittern. Sein Herz schlägt heftig.

«Sie haben sie getötet, sagst du?»

«Ah, weißt du es noch nicht...?»

Der Junge beißt sich auf die Lippen, aber es ist zu spät. Er erzählt ihm die Geschichte: Sie waren auf die Jagd gegangen, lauter junge Leute; sie gingen hinunter zum Strand. Die beiden Möwen flogen tiefer als der übrige Schwarm, der Freund legte auf sie an, um es zu versuchen. Hinterher erkannten Fischer, die in der Nähe waren, die grauen Flügel.

Der Alte hört und hört – ach, es ist nichts. Zwei Möwen waren es.

«Sie haben es nicht gewußt, Großväterchen...», sagt mit warmer Stimme das Mädchen, gerührt von der stummen Traurigkeit auf dem alten Gesicht. «Nicht gewußt...»

Der Alte bewegt nur wenig und ganz langsam seinen Kopf und nickt:

«Ja, ja, mein Kind. Sie konnten es nicht wissen.»

Einige Zeit verstrich.

«Wir müssen gehen», sagt der Junge.

Das Mädchen steht auf.

«Gehen wir.»

Sie gehen voraus. Der Alte folgt ein wenig hinterher. Sie erreichen den Strand.

«Wir grüßen dich, Großväterchen», sagt zuerst das Mädchen. Sie faßt seine Hand, beugt sich, um sie zu küssen. Er streichelt ihr das lange Haar.

«Gott schütze euch», murmelt er bewegt.

Sie gehen weg. Er beobachtet lange Zeit die schmale Furche, die ihre Körper im Meer bilden, bis alles vor seinen Augen erloschen ist. Die See ist wie immer einsam und unendlich.

Es wird Nacht. Barba-Dimitris sitzt auf der Steinmauer, die Stunden vergehen. Alles zieht vor seinen trüben Augen

του τα χρόνια, τα παιδιά που μεγάλωσε και χάθηκαν, οι άνθρωποι που τον πικράνανε. 'Ολα περνούν κι' όλα σβήνουν. Και τα δυό παιδιά που φιληθήκανε εδώ στον ίδιο τόπο, λίγες ώρες πριν. Κι' ένα κοπάδι γλάροι που πετούν ψηλά. Δυό γλάροι έχουν σταχτιές φτερούγες. Κι' αυτοί περνούν και χάνουνται. Δεν είναι πια να γυρίσει τίποτα. 'Εχει χαμηλώσει το κεφάλι, και τα δάκρυα στάζουν στην ξερή γη. Από πάνω του το φώς του φάρου ανάβει, σβήνει, πάλι, πάλι, στο ίδιο διάστημα, αυστηρά και αναπόφευχτα, όπως οι σκοτεινές δυνάμεις της ζωής, η μοίρα του ανθρώπου, ο θάνατος.

vorbei: Seine Jugendjahre, die Kinder, die er großzog und verlor, die Menschen, die ihm Leid zufügten. Alles zieht vorüber und alles wird ausgelöscht. Auch die beiden Kinder, die sich hier vor ein paar Stunden küßten. Und ein Schwarm Möwen, der hoch oben vorüberfliegt. Zwei Möwen haben graue Flügel. Auch sie ziehen vorbei und verlieren sich. Nichts kommt zurück. Der Alte hat seinen Kopf gesenkt, und die Tränen tropfen auf die trockene Erde. Über ihm geht das Licht des Leuchtturms an und aus, immer wieder, im gleichen Takt, streng, unabänderlich, wie die dunklen Mächte des Lebens, das Schicksal des Menschen, der Tod.

Στή Γερμανία (Χάμπουργκ, Αλτόνα, Μπάρενφελντ), τριάντα τέσσερα ολόκληρα χρόνια ξεχώριζε τις τόγκες με τα καπνά ο Γρηγόρης ο 'Αλτας. Μέσα σε κείνα τα τεράστια σκουριασμένα καπνομάγαζα (μυρωδιά σήψης, μυρωδιά ιδρώτα, μυρωδιά απελπισίας), στεκότανε με τη γαλάζια μπλούζα του (για βολ χερ ντιρέκτορ), κοίταζε τα φυλλαράκια από τα Καϊλάρια, τα μαξούλια, τα ρεφούζια, μυρωδάτος καπνός μακεδονίτικος (Οστ Μακεντόνισες Ταμπάκε), τα 'βαζε σε κατηγορίες και τα 'στελνε στο εργοστάσιο να κοπούνε και να γίνουνε τσιγαράκια (κείνα τα περίφημα Ερ 6, τ' άλλα τα Μασέντον, ένα σωρό μάρκες), να πουληθούνε ένα μάρκο και είκοσι πφένιχ το κουτί (πλημμύρα ο τόπος από τσιγάρα τής Ρέεμτσμα), ·να καπνίσει ο κόσμος και να τον επαινέσουνε οι ανώτεροι (σερ σον, βούντερμπαρ χερ Γκρηγκόρης), καλή δουλειά, καλά λεφτά, καλή ζωή, φτηνά βουρστ, εύκολα και γελαστά τα κορίτσια, όμορφες οι Κυριακές (μ' έναν περίπατο κοντά στη θάλασσα του Τζιλ αν Ζεε), μπύρα με σνάπς, το μολυβί νερό που δεν έχει καμιά σχέση με το χαρούμενο Αιγαίο, καμινάδες από φάμπρικες, καπουλάτες Γερμανίδες που μοιάζουνε πολύ με παλιές αξιοπρεπείς πολυθρόνες, πηδηχτά βαλσάκια με θριαμβευτικές κλαπαδόρες, παρελάσεις της Ναζιστικής νεολαίας (Χάιλ Χίτλερ), δεσποινίδες που σου χαμογελάνε με μια ξανθή υπόσχεση, που μιλάνε κείνα τα βαριά βόρεια γερμανικά (μπίσχεν βασρ χαμπ ι νετ), χοντροί με καδένες στα γελέκα και με παράξενα ιδανικά (μια φιλενάδα, μια δουλειά, ένα σκούρο κοστούμι), πόλισμαν με κάσκες που τους φοβάται ο κόσμος και μυστικοί της Γκεστάπο που τους φοβούνται οι πόλισμαν με τις κάσκες, περήφανοι Τεύτονες που ορκίζονται να κατακτήσουν τον κόσμο όλο (ζήτω και του Ράιχσμάρσαλ Γκαίριγκ),

Nikos Tsiforos: Sechzig und nichts

In Deutschland (Hamburg-Altona, Bahrenfeld) sortierte Grigoris Altas vierunddreißig Jahre lang Tabakstauden. In den riesigen, rostigen Tabaklagern (Geruch von Fäulnis, von Schweiß, von Hoffnungslosigkeit) stand er in seinem blauen Kittel (jawohl, Herr Direktor), begutachtete die Blätter aus Kailaria, die guten und die minderwertigen Blättchen, duftender Tabak aus Makedonien (ostmakedonische Tabake), teilte sie in Kategorien ein und gab sie weiter in die Fabrik, damit sie geschnitten und zu Zigaretten verarbeitet werden (teils die berühmten R 6, teils Masenton, eine Menge Marken), die für eine Mark zwanzig pro Schachtel verkauft werden (der Markt war überschwemmt mit Zigaretten von Reemtsma), damit die Leute rauchen

und die Vorgesetzten ihn loben (sehr schön, wunderbar Herr Grigoris), gute Arbeit, gutes Geld, gutes Leben, billige Wurst, leichtfertig und vergnügt die Mädchen, schön die Sonntage (mit einem Spaziergang am Meer, in der Gegend von Zell am See[!]), Bier und Schnaps, bleigraues Wasser, das keine Ähnlichkeit hat mit der heiteren Ägäis, Fabrikschornsteine, füllige deutsche Frauen, die starke Ähnlichkeit haben mit würdigen, alten Sesseln, Walzertänze mit schmetternden Blasinstrumenten, Aufmärsche der Nazi-Jugend (Heil Hitler),

Fräulein, die dir zulächeln mit einem blonden Versprechen und jenes schwere Norddeutsch sprechen (büschn Wassa hebbt wi nich), dicke Männer mit Ketten an der Weste und seltsamen Ansprüchen (eine Freundin, ein Geschäft, ein dunkler Anzug), Polizisten mit Mütze, gefürchtet von den Leuten, und Geheimpolizisten der Gestapo, gefürchtet von den Polizisten mit Mütze, stolze Teutonen, die schwören, die ganze Welt zu erobern (es lebe Reichsmarschall Göring), Birken, Parks

φιλλύρες, πάρκα με μηλιές, κρασί του Μοζέλα (τρία μάρκα και είκοσι το μπουκάλι), όπερες Βαγκνερικές, βαριές σαν πιπερωμένα τουρσιά, σάουτ κράουτ, σημαίες στα εορταστικά παράθυρα, αυτοκίνητα Μπενζ, υποκλίσεις (ένα σωρό πολιτισμένα θέματα. Χάιλ!!).

Ο Γρηγόρης ο 'Αλτας σεργιάνισε είκοσι χρόνια μέσα σε τούτο το διάκοσμο, ύστερα είδε τα μαλλιά του να αποκτάνε τα πρώτα τηλεγραφήματα των γηρατειών (άσπρα μαντάτα), ένιωσε τα ποδάρια του να βαραίνουνε, κάτι αρθριτικά πονάκια τον καλούσανε σε αναδιοργάνωση. Τη νοικοκυρά του τη λέγανε 'Ιγκεμαρ ('Ιγκε), ήτανε και χήρα κι είχε αξιοσέβαστα πάχητα (πάχητα του Βορείου Ανόβερου που θυμίζουνε βαλανίδι). Κι επειδή τον έπλενε καλά και του έκανε τα γλυκά μάτια το πήρε απόφαση. «Παντρευόμαστε 'Ιγκε!».

Τούτη η εύσαρκη, έκλαψε βαθιά συγκινημένη, μετά στολίστηκε ίδια Επιτάφιος και πήγε μαζί του στο Δημαρχείο. 'Ολα ήτανε ευνοϊκά (καλή διαγωγή, νομιμοφροσύνη, γερμανική συνείδηση), του δώσανε την άδεια, την 'Ιγκε, τας καλυτέρας τους ευχάς, δεκαπέντε μέρες «ρεπό», μια μικρή αύξηση (οικογενειακόν επίδομα). Ο Γρηγόρης από μονάδα βρέθηκε κλάσμα δευτέρου, τον συγχαρήκανε, του 'φτιανε γλυκά «παλατσίνκ» και άμα άρχισε ο πόλεμος, είχε κιόλας υπό κατασκευήν το δεύτερο μωρό, χώρια οι χήνες στην αυλή του κι ένα γουρουνάκι-κουμπαρά, γεμάτο μισόμαρκα σε κέρματα.

Πάνω από τον ουρανό του, έριξε ο Θεός, με τους αγγέλους του (πιλότους Συμμαχικούς), μπόμπες κι ισοπέδωσε το Αμβούργο και το Κίελο και την Αλτόνα-Μπάρενφελντ, πάνε τα καπνομάγαζα, γίνανε γης Μαδιάμ, ο Γρηγόρης ο 'Αλτας τάγκιαζε μέσα σε κάτι ανήλιαγα υπόγεια (παρέα του ποντικοί και γριές καπνεργάτριες), τον πέθανε το δελτίο (κάιν τσουκερ, κάιν καφέ, κάιν νιξ), έφαγε μαύρο σικαλένιο ψωμί, έδινε στη ζούλα καπνό για να βρει τίποτα της προκοπής να θρέφει το γιο του και την κόρη του,

mit Apfelbäumen, Moselwein (drei Mark zwanzig die Flasche), Wagneropern, die so schwer verdaulich sind wie gepfeffertes, in Essig eingelegtes Gemüse, Sauerkraut, Fahnen an festlichen Fenstern, Automobile von Benz, Verbeugungen (jede Menge kulturelle Themen, Heil!).

Zwanzig Jahre lang bewegte sich Grigoris Altas in dieser Umgebung, dann bemerkte er, wie seine Haare die ersten Telegramme des Alters empfingen (weiße Botschaften), er fühlte seine Beine schwerer werden, kleine arthritische Schmerzen verlangten eine veränderte Lebensweise. Seine Hauswirtin, welche Ingemar (Inge) hieß, war Witwe und von würdevoller Leibesfülle (die an Eichbäume erinnernde Fülle der Leute nördlich von Hannover). Da sie gut für ihn wusch und ihm schöne Augen machte, faßte er den Entschluß: «Heiraten wir, Inge!»

Die wohlbeleibte Dame schluchzte tiefgerührt, putzte sich heraus wie ein Christbaum und ging mit ihm zum Standesamt. Alles war günstig (gutes Führungszeugnis, Gesetzestreue, deutsches Bewußtsein), man gab ihm die Erlaubnis, die Inge, die besten Wünsche, fünfzehn Tage Urlaub, eine kleine Gehaltserhöhung (Familienzulage). Grigoris wurde aus einem Ganzen zu einem Teil, man wünschte ihm Glück, sie buk ihm süßen «Palatschinken»[!], und als der Krieg ausbrach, war bereits das zweite Kind unterwegs, außerdem besaß er Gänse im Hof und ein Sparschwein voll mit halben Markstücken.

Vom Himmel herab warf Gott mit seinen Engeln (alliierten Piloten) Bomben und machte Hamburg und Kiel und Altona-Bahrenfeld dem Erdboden gleich, verschwunden waren die Tabaklagerhallen, in Schutt und Asche gelegt. Grigoris Altas vegetierte in irgendwelchen lichtlosen Kellern dahin (in der Gesellschaft von Mäusen und alten Tabakarbeiterinnen), die Lebensmittelkarten brachten ihn um (kein Zucker, kein Kaffee, kein gar nix), er aß schwarzes Roggenbrot, verhökerte heimlich Tabak, um irgendetwas von Wert aufzu-

άκουγε μέ σπαραγμό για την Ελλάδα (μπεσέτζουνγκ-κατοχή), αλλά τα κατάφερνε, τη γλίτωσε, βγήκε από τη φασαρία παστρικός μαζί με όλη του τη φαμίλια και το κυριότερο δεν έκανε τίποτα να βοηθήσει τον εχθρό, νομιμόφρων και ακέραιος, καμαρωτός κιόλας που φάγανε τα μούτρα τους όλοι τούτοι οι ανωτέρας ράτσας (να δείτε τι πα να πει ήττα μπαγάσηδες), κι από μακεδονίτικα καπνά, άρχισε να μαθαίνει κείνα τα πλατύφυλλα τα Βιρτζίνια, που τα πατικώνανε φουρνιστά, τέτοια φέρανε οι Σύμμαχοι, τέτοια μάθανε να καπνίζουνε χαρμανιασμένοι οι Γερμανοί (άντε συ να τους δώσεις να καταλάβουνε τι θα πει καπνός της προκοπής), ξαναπήρε τη θέση του και τα μάρκα του, αγόρασε σπίτι, έγινε μεγαλονοικοκύρης (είχε κιόλας κλέψει με την ψυχή του καπνά στον πόλεμο και έβαζε στην μπάντα τα πράσινά του δολάρια), ωραία πράματα, προκοπή και πρόοδος (άμα δεν κλέψεις ποτέ σου δεν τα γνωρίζεις και να μην κρυβόμαστε πίσω από τα δάχτυλά μας), μεγαλώσανε και τα παιδιά του, εικοσάρης ο Νικολάους, δεκαοχτάρα η Λίζε, τα 'στειλε στη Χάιλντεμπεργκ να πάρουνε δίπλωμα και έμεινε με την Ίγκε που καμάρωνε, ίδια με κιούπι γεμάτο λάδι, θαυμαστή και μεγάλη και έκτακτη και παλιόγρια.

Η νοσταλγία για τη Θεσσαλονίκη τον έπιασε ξαφνικά το Γρηγόρη τον Άλτα. Έτσι όπως καθότανε και μάσαγε «μπλυτ βουρστ» με μαργαρίνη πάνω στο ψωμί του, του 'ρθε πρώτα σαν κόμπος, του μύρισε μετά «ντούζικο» κείνο το ουζάκι το θαυμάσιο, ο σταφυλίτης του χτύπησε μήνυμα, «μύδια πιλάφι», ο Λευκός Πύργος του 'ρθε μουντζουρωμένος στα μάτια και τα γέμισε δάκρυα. Πώς, δηλαδή, έτσι την είχε απαρνηθεί τόσα χρόνια τούτη δώ τη μικρή του μάνα, με τα παλιά της τούρκικα σπίτια στους ψηλούς μαχαλάδες, με τις ομορφιές της πέρα στο Φάληρο, στ' Ωραιόκαστρο και στην Αρετσού, έτσι την αφήνουνε τη γη που σε μεγάλωσε και σε έκανε άντρα μέσα στα σοκάκια της και στα παλιά της τα σπίτια!

treiben, damit er Sohn und Tochter ernähre, mit wehem Herzen hörte er von Griechenland (Besetzung), aber er schaffte es, er rettete sich, ging aus allem Wirrwarr sauber hervor, zusammen mit seiner ganzen Familie und vor allem, er hatte nichts getan, um dem Feind zu helfen, er war gesetzestreu und redlich geblieben, wenn auch voll Freude, daß alle die von der Herrenrasse auf die Schnauze gefallen waren (jetzt seht ihr, was Niederlage bedeutet, Lumpenpack); nach dem makedonischen Tabak lernte er jetzt den breitblättrigen Virginia kennen, der gepreßt und im Ofen getrocknet wird. Die Alliierten brachten ihn mit, mit Begeisterung lernten die Deutschen, ihn zu rauchen (und da soll man ihnen beibringen was Qualitätstabak ist!); er bekam seine Stelle wieder und seine Markstücke, kaufte ein Haus, wurde ein großer Herr (er hatte im Krieg bereits nach Herzenslust Tabak gestohlen und grüne Dollarscheine beiseite geschafft), eine feine Sache, ohne Fleiß bringt man es zu nichts (wenn du nicht stiehlst, kommst du nie auf einen grünen Zweig, machen wir uns nichts vor); seine Kinder wuchsen heran, den zwanzigjährigen Nikolaus und die achtzehnjährige Lise schickte er nach Heidelberg, damit sie Diplome erwarben. Er blieb allein mit Inge, die anschwoll wie ein Ölschlauch, bewundernswert, groß, außerordentlich und voll Altersbosheit.

Plötzlich packte den Grigoris Altas das Heimweh nach Thessaloniki. Wie er so dasaß und Margarinebrot mit Blutwurst kaute, war ihm, als hätte er einen Kloß im Hals, dann stach ihn jener herrliche Ouzo stark in die Nase, hinten in der Gurgel kitzelte es ihn, Muschel-Pilaw, der Weiße Turm in seinem Schmutz trat ihm vor die Augen und füllte sie mit Tränen. Wie hatte er soviele Jahre lang seine kleine Mutterstadt dort verleugnet, mit ihren türkischen Häusern in den oberen Stadtvierteln, mit ihren Schönheiten drüben in Faliron, Oreokastro und Aretsou. Wie kann man so die Erde verlassen, die einen großgezogen und zum Mann gemacht hat in ihren Gassen und alten Häusern!

Ο Γρηγόρης ο Άλτας έφερε στα μάτια του όλη την εικόνα. Παλιά Σαλονίκη, Βαρδάρης με τα μυροπωλεία στην είσοδο, η παραλία, κείνα τα σπίτια μισομακεδονίτικαμισοτούρκικα, με τα καφάσια στα παράθυρά τους, δρόμοι γεμάτοι μικροπωλητές, λάσπη, τράμια κίτρινα, Εβραίοι στο παζάρι, κορίτσια μελαχρινά «κιέ κιέρε!», χωροφύλακες της ενδόξου πατρίδος με μουστάκι τσιγκελωτό, αμάξια, λάσπη, καταστήματα, κενηματόγραφα. Κάτω στην παραλία, στη μεριά του Πύργου, κείνα τα παλιά σπίτια με τα κορίτσια των είκοσι πέντε δραχμών, οι μόρτες του Βαρδαριού, διεθνής κόσμος, ο παλιός σιδηροδρομικός σταθμός, αγκαλιά η Ανατολή με τη Δύση, τα ουζάδικα, τα τσιράδικα, οι παλιές Βυζαντινές εκκλησιές (πολύ ευλαβικό ερείπιο), νοικοκυραίοι, καπνάδες, πολιτευόμενοι, παραπονιάρηδες, άλλου είδους ταραχή, ό, τι γουστάριζε η ψυχή σου, όλα μέσα σε μια ξενοιασιά, παγωνιές παράξενα χειμωνιάτικες, ξενοδοχεία-χάνια, προσπάθειες πρός εξευρωπαϊσμόν, καπνάδες με χοντρές κοιλιές που αργοπερνάγανε, φιλόξενοι άνθρωποι χαμογελαστοί, Γιαννιώτες πού εμπορεύονταν το στραγάλι και το γιαούρτι, τέτοια που δεν έχει η «εξελιγμένη» του Γερμανία, όλα χωρίς σύστημα, χαρούμενα και ζωντανά και πανηγυριώτικα, λίγη Ρώμη με τ' απομεινάρια της σε γωνιές γεμάτες Βυζάντιο και Τουρκιά καί Σλαβία και πολλή Ελλάδα, όση Ελλάδα υπόφερε από τούτους εδώ τους απροσκάλεστους, τους αδηφάγους, τους ξένους, τους αλητομπασμένους.

– Ιχ βέρντε ναχ χάιματ (θα πάω στην πατρίδα), είπε ξαφνικά στην ξιγκάτη την Ίγκε του.

Είδε κάτι χρώματα αποπληξίας (από το βαθύ κόκκινο μέχρι το μαβί), να ζωγραφίζονται στα μάγουλά της τα γελαδίσα.

– Μπιστ του φερύκτ μενς! (τρελός είσαι άνθρωπε!).

Τρελός δεν ήτανε ο Γρηγόρης ο Άλτας. Βέρος Σαλονικιός ήτανε, βέρος Έλληνας και ξύπνησε μέσα του

Grigoris Altas rief sich das vertraute Bild vor die Augen. Das alte Thessaloniki, Vardaris mit seinen Spezereienhandlungen am Eingang, die Uferpromenade, die halb makedonischen, halb türkischen Häuser mit den Holzgittern vor den Fenstern, die Straßen voll mit Kleinhändlern, Schlamm, gelbe Trambahnen, Juden auf dem Markt, dunkelhäutige Mädchen «kie kiere!», Gendarmen des ruhmreichen Vaterlandes mit Schnurrbärten wie Fleischerhaken, Kutschen, Schlamm, Läden, Kinematographen. Unten an der Uferstraße, in der Gegend des Weißen Turmes die alten Häuser mit den Mädchen für fünfundzwanzig Drachmen, die Stadtstreicher von Vardaris, das internationale Völkchen, der alte Bahnhof, Morgenland und Abendland in Umarmung, die Ouzokneipen, die Stockfischläden, die alten byzantinischen Kirchen (ehrwürdige Ruinen), Hauswirte, Tabakhändler, Politiker, Krakeeler, Trubel jeglicher Art, alles was dein Herz begehrt, alles in völliger Unbekümmertheit; sonderbare Winterfröste, Hotels, Herbergen, Versuche sich zu europäisieren, flanierende Tabakfabrikanten mit dicken Bäuchen, gastfreundliche, heitere Menschen, Leute aus Jannina, die Kichererbsen und Joghurt feilboten, alles Mögliche, was sein «hochentwickeltes» Deutschland nicht hat, alles ohne jeden Plan fröhlich, lebendig wie ein Jahrmarkt, ein bißchen Rom mit Ruinen in Winkeln voller Byzanz, Türkei und Balkan und ganz viel Griechenland, das Griechenland, das zu leiden gehabt hatte von den Ungeladenen, den Unersättlichen, den Unseßhaften, Unsteten.

«Ich werde nach Heimat», sprach er plötzlich zu seiner dicken Inge.

Er sah so etwas wie die Farben eines Schlaganfalls (von tiefrot bis veilchenblau) sich auf ihren Kuhwangen abzeichnen.

«Bist du verrückt, Mensch!»

Verrückt war Grigoris Altas nicht. Ein echter Thessaloniker war er, ein echter Grieche, in dem Thessaloniki und

η Σαλονίκη κι η Ελλάδα. Χτύπησε βαριά την παλάμη του πάνω στο τραπέζι και φώναξε:

– Θα πάω στην πατρίδα ...

'Εκανε και μια μικρή ανάλυση. Εξήντα χρονώ. 'Οπου να 'ναι θα τον καλέσει το τίποτα να πάει κοντά του. Τι θα γίνει; 'Ετσι θα τον κάψουνε σε κανένα γερμανικό κρεματόριο, σε μια κρύα φωτιά, για αξιοπρεπείς πεθαμένους, χωρίς να δει τελευταία φορά τη γη που τον γέννησε! Από το εξήντα στο τίποτα, χρειάζεται ένας μικρός γελαστός σταθμός. (Εδώ μπαίνουνε μερικά ψευτοϋστερικά κλάματα συζύγου, διαβεβαιώσεις, πεισματάκια, αγάπες, άδεια, αξιώσεις να πάει μαζί του, λογικά επιχειρήματα που απορρίπτουνε την αξίωση). Μετά, ο Γρηγόρης ο 'Αλτας, παίρνει το τρένο και κατηφορίζει όλη εκείνη τη γερμανική, την αυστριακή, τη γιουγκοσλαβική χώρα, ανυπόμονος σε κάθε σταθμό, μια πεταλούδα χορεύει και του γαργαλάει την ψυχή (αχ πότε θά φτάσουμε), λαχανιάζουνε οι ατμομηχανές στ' ανηφόρια (έτσι κάνει κι η 'Ιγκε), κι έρχεται χωρίς να την περιμένει η Γευγελή, σταθμός, τελωνοφύλακες, Ελληνικά, χαρούμενα μούτρα (βιλ κόμεν χερ Γκρηγκόρης στα δικά μας χώματα), πάνω στους δρόμους τών κάμπων σέρνουνε ζευγαριαστά τα βόδια τις στενόμακρες άμαξες κι οι σταθμάρχες με κόκκινο καπέλο σηκώνουνε το σήμα «αναχωρήσατε».

'Οταν κατέβηκε στο σταθμό και πέρασε από κάτω τις σκάλες σάμπως να του φάνηκε ότι έκανε λάθος, ο Γρηγόρης ο 'Αλτας. (Για στάσου! Μπας και δεν είμαι στη Σαλονίκη; δεν είναι ο σταθμός ... που κατέβηκα). Είδε το κτίριο με τις σκαλωσές, την πλατεία, μπροστά τα φανάρια και κατάλαβε. Εδώ τον φτιάνουνε, σκέφτηκε, δε γίνεται, να που έχει κι η Σαλονίκη σταθμό, μπράβο της, καιρός ήτανε. Μπήκε στο ταξί (μπράβο, πάνε τ' αμαξάκια!) και τον παρακάλεσε:

– Ξενοδοχείο της προκοπής.

Griechenland erwachten. Er schlug hart mit seiner Handfläche auf den Tisch und rief:

«Ich fahre in die Heimat...»

Er machte eine kleine Bestandsaufnahme. Sechzig Jahre war er alt. Bald wird ihn das Nichts zu sich rufen. Was wird geschehen? Man wird ihn verbrennen in irgendeinem deutschen Krematorium, in einem kalten Feuer für ehrenwerte Verstorbene, ohne daß er zum letzten Mal die Erde sehen wird, die ihn geboren hat! Der Weg von den Sechzig ins Nichts verlangt nach einem kleinen, heiteren Zwischenaufenthalt. (Nun spielen sich ab: mehrere pseudohysterische Weinkrämpfe der Gattin, Versicherungen, Widerspenstigkeiten, Liebesbeteuerungen, Gewährung, die Forderung mitzufahren, logische Argumente zur Zurückweisung dieses Anspruchs.) Schließlich nimmt Grigoris Altas den Zug, fährt das deutsche, österreichische und jugoslawische Land hinunter, voll Ungeduld an jedem Bahnhof; ein Schmetterling tanzt und kitzelt seine Seele (ach, wann werden wir ankommen), die Lokomotive schnauft, wenn es bergauf geht (so macht es auch die Inge), unversehens erreicht man Gevgeli, Bahnhof, Zollbeamte, Griechisch, fröhliche Gesichter (willkommen Herr Grigoris auf unserem eigenen Boden), auf den Feldwegen ziehen Ochsenzweiergespanne schmale Fuhrwerke und die Stationsvorsteher mit roten Mützen heben das Zeichen «Freie Fahrt» in die Höhe.

Beim Aussteigen am Bahnhof und beim Hinuntergehen der Treppen schien es Grigoris Altas, als hätte er sich geirrt. (Halt, vielleicht bin ich gar nicht in Thessaloniki? Das ist doch nicht der Bahnhof, dies hier, wo ich ausgestiegen bin.) Er sah das Gebäude mit den Gerüsten, den Platz, davor die Beleuchtung, und er verstand. Sie bauen hier einen, dachte er, auch Saloniki hat einen Bahnhof, bravo, es war an der Zeit. Er stieg ins Taxi (bravo, vorbei ist die Kutschenzeit) und verlangte:

«Ein gutes Hotel.»

– Θέλετε το Μεντιτερανέ;

Μπα! Έχει και τέτοιο! Και τώρα πού είμαστε δώ; Πού είναι η πλατεία; Του Βαρδάρη πού είναι; Εδώ είναι μεγαλούπολη, δεν είναι η Θεσσαλονίκη αυτή. Πού πήγανε τα παλιά και τα μαγαζιά τ' ανατολίτικα, κι οι λάσπες κι οι στενοί δρόμοι;

Τα τράμια πού πήγανε; Εδώ πέσαμε σε σωστή πρωτεύουσα, για δες πολυκατοικία, για δες κακό, για δες τάξη. Σωστή Ευρώπη με τα όλα της. (Κύριε Ελέησον, τι την έκανες Κύριε τη Θεσσαλονίκη;).

Ξενοδοχείο Παλλάς, δωμάτιο με μπάνιο, η παραλία μπροστά του, ομορφιές, ακόμα κι ο Λευκός Πύργος τέλεια αλλιώτικος (μια φορά φυλακές, μια φορά κινηματογράφος, μια φορά παρκάκι μέ πασατέμπο), τώρα καταπράσινος, καινούργια τα πάντα, παλάτια τα σπίτια, χάρμα τα καταστήματα, τίποτα από τα παλιά, ήρθε στα εξήντα και περίμενε να βρει το τίποτα, βρήκε τα πάντα, λεωφόροι και φώτα και επιγραφές και κόσμος μοντέρνος, ζωντανός, πολιτισμένος, κανένα γνώρισμα από τα παλιά, πέθανε το χτες και η πόλη ζει ένα πυρετώδικο σήμερα (για δες πώς καταφέρανε τούτοι οι Έλληνες, οι φτωχοί και κάνανε του κόσμου τη δουλειά με το τίποτα).

Έτσι, όπως έπεσε η νύχτα να ξεκουραστεί στην αγκαλιά του Θερμαϊκού, έκανε τη βόλτα του, άγνωστος εν αγνώστοις, ο χερ Γκρηγκόρης Άλτας. Ούτε καν που τόλμησε να πάει να δει κανάν δικό του από τους παλιούς. Τέτοια ώρα το καταλάβαινε, θα γινότανε ενόχληση. Κάθισε κει δα στου Στρατή, κοντά στη θάλασσα, παράγγειλε τα μύδια του τηγανητά και σκεφτότανε. Μυστήρια πόλη, μυστήριοι οι άνθρωποι, είναι σα να πέθανες και να πήγες στον Παράδεισο ενός ξένου κράτους που δεν ξέρεις κανέναν άγιο, κανέναν άγγελο, κανέναν αγνό. Και, λοιπόν, χαμογέλασε σε μια κάποια που καθότανε μόνη της απέναντί του και του χαμογέλασε κι εκείνη (το σκέφτηκε Γερμανικά από συνήθεια «γκούτεν άμπεντ»),

«Wollen Sie ins Mediterranée?»

Pah, gibt es so etwas auch? Und jetzt, wo sind wir denn? Wo ist der Platz? Wo ist Vardaris? Eine Großstadt ist das hier. Das ist doch nicht Thessaloniki. Wo ist das Alte geblieben? Die orientalischen Läden, der Schlamm und die engen Gassen? Wo sind die Trambahnen? In eine Hauptstadt sind wir geraten. Schau dir das an! Wohnblöcke, Trubel und trotzdem Ordnung. Richtiges Europa mit allem, was dazugehört. (Herr erbarme dich, was hast du, Herr, aus Thessaloniki gemacht?)

Hotel Palace, Zimmer mit Bad, die Uferpromenade vor der Tür, Schönheit, sogar der Weiße Turm ganz verändert (einmal Gefängnis, einmal Kino, einmal ein Park davor mit gesalzenen Kürbiskernen), jetzt ganz begrünt, alles neu, Paläste und Häuser, eine Wonne die Geschäfte, nichts mehr vom Alten. Das sechzigste Lebensjahr hatte er erreicht, das Nichts hatte er erwartet. Er fand alles. Boulevards und Lichter, Aufschriften und moderne Welt, lebendig, zivilisiert, keinerlei Anzeichen der alten Zeiten, das Gestern war gestorben, die Stadt erlebt ein fieberhaftes Heute (da sieht man, was die Griechen in ihrer Armut zustandegebracht, welche Leistungen sie aus dem Nichts vollbracht haben).

Während die Nacht herabsank, um in der Umarmung des Thermaischen Golfes auszuruhen, machte er seinen Spaziergang, ein Unbekannter unter Unbekannten, der Herr Grigoris Altas. Er wagte es nicht, einen von den alten Bekannten zu besuchen. Er wußte, daß er zu dieser Stunde stören würde. Er setzte sich in die Taverne des Stratis, nahe am Meer, bestellte sich gebratene Muscheln und dachte nach. Sonderbare Stadt, sonderbare Menschen. Es ist, als stürbe man und ginge in das Paradies eines fremden Reiches ein, wo man keinen Heiligen und keinen Engel und keine Seele kennt. Da lächelte er einer Frau zu, die allein ihm gegenüber saß und sie lächelte zurück (aus Gewohnheit dachte er deutsch «Guten Abend»); später, wie es sich eben so fügte,

ύστερα πώς έγινε και βρέθηκε στο ίδιο τραπέζι μαζί της, πολιτισμένα κι ευρωπαϊκά πράματα, τότε πριν φύγει πού να τα τολμήσει κανείς κάτι τέτοια (μέχρι φόβος φονικού), τώρα αλλάξανε κι αυτά, μεγαλούπολη σου λέει ο άλλος (καλές κοπέλες, μέτριες κοπέλες, ελαφρές κοπέλες στο μωσαϊκό της), πάνω στην άσφαλτο σουλατσάρει ακόμα σούρτα-φέρτα η επαρχιακή παράδοση, φρούτο γνήσια ελληνικό, πάει κι έλα μέχρι να τους πιαστούν τα πόδια και να πάνε σπίτι να φάνε το ρέστο από το μεσημεριάτικο.

Γρηγόρης Άλτας (ένα χνούδι ξενικότητας στην κουβέντα του), και εκείνη τη λένε Μηλίτσα, είναι από την Καστοριά, δουλεύει σε μαγαζί, έχει ένα μάτι έξυπνο, πρασινογάλαζο, μια ροζ επιδερμίδα, δόντια λευκά, κέφι για μπουζούκια (έξω στα «Αστέρια» παίζουνε κάτι πενιές φίνες να σε λιγώνουνε), και τσακίζει τη μέση της στο ρεμπέτικο, του χαμογελάει, ένας χερ Γκρηγκόρης που ξελιγώνεται στα εξήντα του (να ζήσεις Σαλονίκη μου, καλά σε είπανε φτωχομάνα),

σπάνε τα πιατικά οι λεβέντες, μόδα χωρίς παρεξήγηση, παλμούς ζωής δίνει η ελληνική νύχτα (άντε να μου χάνεσαι Ίγκε με τα χοιρινά σου τα περισσευούμενα κρεατάκια), εδώ ξέρει να ζήσει ο κόσμος, όχι με το Βάγκνερ και με κείνα τ' ανούσια βαλσάκια που τα παίζουνε κλαπαδόρες, εδώ οι άνθρωποι το γελάνε από καρδιάς και έχει και κάτι Μηλίτσες καστοριανές να σε κάνουνε παιδί και να χαίρεσαι τα εξήντα σου και το τίποτα.

Ούτε που ξεκόλλησε από κοντά της δέκα ολόκληρες μέρες ο χερ Άλτας. Τέσσερις χιλιάδες μάρκα που 'χε στην τσέπη του, πάνε όλα στη χαρούμενη στιγμή του. Ύστερα, όπως γίνεται στα κινηματογραφικά μυθιστορήματα, εκείνη πάει έφυγε (μυστήριες Μηλίτσες πώς μυριζόσαστε την άδεια τσέπη), κι ο κύριος, ο αξιοπρεπής εξηντάρης, έμεινε δίχως τύψεις, δίχως μετάνοιες, παπούτσι από

befand er sich mit ihr am selben Tisch, zivilisierte europäische Zustände, wer hätte damals, vor der Zeit, als er in die Fremde ging, etwas derartiges gewagt (einen Mordanschlag hätte man befürchtet), jetzt hat sich auch das geändert. Eine Großstadt eben, (gute Mädchen, mittelmäßige Mädchen, leichte Mädchen gehören zu ihrem Bild), auf dem Asphalt schlendert noch die ländliche Tradition, echt griechisches Gewächs, auf und ab. Ein Kommen und Gehen, bis einem die Beine schwer werden und man sich nach Hause begibt, um den Rest vom Mittagessen zu verzehren.

Grigoris Altas (eine Spur Fremdheit in seiner Redeweise) und jene Frau – sie heißt Militsa, stammt aus Kastoria, arbeitet in einem Laden, hat wache Augen, grünblau, rosige Haut, weiße Zähne, Lust auf Bouzouki (draußen im «Asteria» spielen sie feine Musik, zum Ohnmächtigwerden), sie wiegt die Hüften beim Rembetiko, sie lächelt ihm zu, einem Herrn Grigoris, der in seinem sechzigsten Lebensjahr Hunger bekommt (auf dein Wohl, mein Saloniki, mit Recht hat man dich «Mutter der Armen» genannt); die jungen Burschen zerbrechen die Teller, eine Sitte, die niemand übelnimmt, den Pulsschlag des Lebens gibt die griechische Nacht an (gestohlen bleiben kannst du mir, Inge, mit deinen überschüssigen Fettpolstern), hier verstehen die Leute zu leben, nicht mit Wagner und mit diesen faden Walzern, gespielt auf Blasinstrumenten, hier lachen die Menschen von Herzen, und es gibt Militses aus Kastoria, die einen zum Kind machen, damit man sich seiner sechzig Jahre und des Nichts erfreuen kann.

Zehn Tage lang konnte Herr Altas sich nicht von ihr losreißen. Viertausend Mark, die er in seiner Tasche hatte, waren für einen heiteren Augenblick dahingeschwunden. Dann, wie es in Kinogeschichten zugeht, verschwand auch sie (sonderbare Militses, wie versteht ihr euch darauf, die leere Tasche zu riechen), und der Herr, der würdige Sechziger, blieb zurück ohne Gewissensbisse, ohne Reue. Eine

τον τόπο του που το χάρηκε όσο μπόρεσε, μπράβο του, τι θα πει ('Ιγκε. Αηδίες!!).

Πλήρωσε, λοιπόν, το ξενοδοχείο του και πήρε τη βαλίτσα στο χέρι να πάει στο σταθμό ο Γρηγόρης ο 'Αλτας. Αλλά έτσι όπως σταμάτησε να ξαποστάσει το σκέφτηκε. Πού πάει; Πού πας, ρέ κατακαημένε! Πίσω στην 'Ιγκε, σε κείνον το μουντό και αξιοπρεπέστατον ουρανό, σε δυό παιδιά που δεν ξέρουνε σκράπα Ελληνικά, σε προϊσταμένους λες και τους κούρντισες ... Και δώ πέρα να ζει ο κόσμος, νά 'ναι ζωντανή η Σαλονίκη, νά 'ναι δικιά του, αίμα του, καρδιά του, μια μεγαλούπολη πιο μεγαλούπολη από την Αλτόνα-Μπάρενφελντ με τα βρώμικα καπνά της, τα Βιρτζίνια!

Ο Γρηγόρης ο 'Αλτας πήγε στο τηλεγραφείο και συνέταξε τηλεγράφημα: (Φράου 'Ιγκε κτλ.) «Γρηγόρης απέθανε εν Θεσσαλονίκη. Ενεταφιάσαμεν».

Μετά πήρε τον ανήφορο, στην Αγίου Δημητρίου, εκεί που η καινούργια πόλη αγκαλιάζεται με την παλιά. Ξαναβρήκε τα νιάτα του, πέταξε τα εξήντα στη λησμονιά και γύρεψε να βρει δωμάτιο. Τώρα που θα 'μενε δώ, να βρεί μια δουλίτσα, να ζήσει φτωχικά, πάνε τα εξήντα του αξιοπρεπή χρόνια. 'Ενα τίποτα τον περίμενε. 'Ενα τίποτα που τον γέμιζε ολόκληρο, χωρίς παιδιά, χωρίς 'Ιγκε, χωρίς σπίτι, χωρίς κατάσταση. Μέσα σε τούτο το τίποτα θα ξανάρχιζε τη ζωή του, τα εξήντα του σβήσανε ...

heimische Blume, die er genossen hatte, so gut er konnte, bravo, was soll's (Inge, Blödsinn!).

Grigoris Altas bezahlte das Hotel, nahm seinen Koffer in die Hand und begab sich zum Bahnhof. Als er einmal stehen blieb um zu verschnaufen, dachte er nach. Wohin geht er? Wohin gehst du Unseliger? Zurück zu Inge, unter diesen trüben und ehrbaren Himmel, zu zwei Kindern, die keine Spur Griechisch können, zu Vorgesetzten, die sich wie Aufziehpuppen benehmen ... Und hier leben die Leute, hier ist das lebendige Saloniki, dir gehört es, dein Blut, dein Herz, eine Großstadt, großstädtischer als Altona-Bahrenfeld mit seinem schmutzigen Tabak, dem Virginia!

Grigoris Altas ging zum Telegrafenamt und verfaßte ein Telegramm: (Frau Inge usw.) «Grigoris in Thessaloniki verstorben. Bereits beigesetzt».

Dann stieg er die Anhöhe hinauf, in die Gegend der Dimitrios-Kirche, dort wo die neue und die alte Stadt sich umarmen. Er fand seine Jugend wieder, warf die sechzig Jahre ins Vergessen und suchte ein Zimmer. Jetzt, da er hierbleiben, eine kleine Arbeit finden, arm leben wird, sind seine sechzig ehrenwerten Jahre vorbei. Ein Nichts erwartet ihn. Ein Nichts, das ihn ganz ausfüllt, ohne Kinder, ohne Inge, ohne Haus, ohne geordnete Verhältnisse. Mitten in diesem Nichts wird er sein Leben neu beginnen, ausgelöscht sind seine sechzig Jahre ...

«Τώρα μόνο που ωρίμασα και μπορώ να γυρίζω στα μικρά μου χρόνια και να τα βλέπω σαν ξένος, σαν ψυχρός θεατής, μπορώ να μιλήσω με ευθυκρισία και για τη φτώχια μας. Παιδί δεν την πολυκαταλάβαινα. Και για το μεγάλο καημό που μ' έτρωγε, την ξυπολησιά μου, δεν έλεγα πως φταίει η φτώχια μας, μα πως ο πατέρας μας δε θέλει να ξοδεύει για ν' αγοράζει παπούτσια, αφού και με δίχως παπούτσια την περνάγαμε μια χαρά. Έξη παιδιά ήμασταν, τέσσερα αγόρια και δυό κορίτσια, εγώ ο μεγαλύτερος, και ήτανε λογαριασμός τα έξη ζευγάρια παπούτσια. Μα τότες εγώ νόμιζα, πως όλα μέσα στο σπίτι μας γίνουνταν με το θέλημα του πατέρα. Πως εκείνος τα ορίζει και τα κανονίζει όλα: Τι θα φάμε, πότε θα κοιμηθούμε, πότε θα κατεβούμε περίπατο στην ακρογιαλιά, και τι ρούχο θα φορέσουμε. Έφερνε ο πατέρας φάβα; Φάβα τρώγαμε. Έφερνε ο πατέρας μακαρόνια; Μακαρόνια τρώγαμε. Τα 'κανε η μακαρίτισσα η μάνα μας γιαχνιστά, κι ήτανε το αγαπημένο μας φαγητό. Μα για φαγιά δεν κάναμε λόγο. Κι ούτε θυμούμαι να πεθύμησα μικρός κανένα ακριβό φαγητό. Χόρταινα με κείνο που μου 'βαζε η μάνα στο πιάτο μου. Σηκωνόμουν χορτασμένος και κοίταζα τα μαθήματά μου και τα γραφτά μου, για να μη ντροπιαστώ την άλλη μέρα στο δάσκαλο.

Όχι πως δεν είχε μέσα στην τάξη κι άλλα παιδιά ξυπόλυτα, είχε και πολλά, μα εγώ κοίταζα τα παπουτσωμένα και τα ζήλευα, κι έλεγα με το νου μου, πώς θα 'ναι άραγε τα πόδια μου μέσα στα παπούτσια, και πώς θα περπατώ, αν φορέσω παπούτσια.

Σε μεγαλοχώρι κατοικούσαμε, στη Σύρο, κι ο πατέρας μου έκανε το ράφτη. Οι συντοπίτες μας όμως δε φορούσανε καλά ρούχα, για να 'χει πολλή πελατεία ο πατέρας

Jetzt, da ich gereift bin und mich meinen Kindheitsjahren zuwenden und sie wie ein Fremder betrachten kann wie ein kühler Zuschauer, vermag ich auch über unsere Armut mit abgewogenem Urteil zu sprechen. Als Kind habe ich sie nicht bemerkt. Für den großen Kummer, der mich verzehrte, meine Barfüßigkeit, machte ich nicht unsere Armut verantwortlich, sondern daß mein Vater kein Geld ausgeben wollte, um Schuhe zu kaufen, da wir sonst bestens zurecht kamen, nur eben ohne Schuhe. Sechs Kinder waren wir, vier Buben und zwei Mädchen, ich war der Älteste. Sechs Paar Schuhe bedeuten viel Geld. Damals aber glaubte ich, daß innerhalb des Hauses alles mit Willen des Vaters geschah, daß er alles anordnete und regelte: Was wir aßen, wann wir schliefen, wann wir einen Strandspaziergang machten, welche Kleidung wir trugen. Brachte der Vater getrocknete Erbsen, aßen wir Erbsenbrei, brachte er Nudeln, aßen wir Nudeln. Unsere selige Mutter machte daraus Nudelragout, unser Lieblingsessen. Über das Essen wurden bei uns allerdings keine Worte verloren. Auch erinnere ich mich nicht, daß ich als Kind jemals ein teures Gericht entbehrt hätte. Ich aß mich satt an dem, was die Mutter mir auf den Teller legte. Ich stand gesättigt auf und sah danach den Unterrichtsstoff und die schriftlichen Arbeiten durch, damit ich mich am nächsten Tag vor dem Lehrer nicht bloßstellte.

Nicht, daß es in der Klasse keine anderen barfüßigen Kinder gegeben hätte, viele sogar, aber ich sah auf diejenigen, die Schuhe trugen, und beneidete sie. Ich überlegte mir, wie sich meine Füße wohl in Schuhen ausnähmen und wie ich daherspazieren würde, wenn ich Schuhe trüge.

Wir wohnten in einem großen Dorf auf Syros, und mein Vater war Schneider. Unsere Dorfbewohner jedoch trugen keine so guten Kleider, daß mein Vater viel Kundschaft ge-

μου. Μα εγώ τότες αυτά δεν τα εξέταζα. Δεν ήμουνα ακόμη σε θέση να μπαίνω καλά στο νόημα, τι θα πει φτωχός, ποιός δηλαδή φταίει. «Αν ήθελε ο πατέρας μου, έλεγα με το νου μου, όπως αγοράζει τη φάβα και τα μακαρόνια, αν ήθελε θα μου αγόραζε και παπούτσια, μα δε θέλει ...»

Παπούτσια φόρεσα άμα τελείωσα το Δημοτικό, την Τετάρτη, και μπήκα στο Γυμνάσιο, στην Ἑρμούπολη.

– Κάμε ένα-δυό χρόνια στο Γυμνάσιο, μια και τα παίρνεις έτσι καλά τα γράμματα, και να κοιτάξω ύστερα να σου βρω καμιά δουλειά ...

– Να μην το τελειώσω, πατέρα, όλο;

– Δεν είναι στο χέρι μου ... Καλό είναι, μα το σκολειό μήτε ταΐζει μήτε παπουτσώνει κι είσαι ο μεγαλύτερος ...

Από την Τρίτη του Σχολαρχείου με πήρε ο πατέρας μου και με διόρισε στο Αγγλικό Τηλεγραφείο. Είχε έναν καλό πελάτη, υπάλληλο ανώτερο στο Αγγλικό Τηλεγραφείο. Ὅση ώρα μου περίσσευε, διάβαζα εγγλέζικα και οι Διευθυντές αμέσως μ' αγαπήσανε. Κακό είναι, μου λέγανε, που δεν έχεις χαρτιά, μα έχεις μυαλό, αγαπάς και την καλή δουλειά και θα προκόψεις. Και μείς δε θέλομε εδώ μέσα ανθρώπους με διπλώματα άχρηστους· θέλομε φιλότιμους και εργατικούς και θα σε βοηθήσουμε να πας, όσο γίνεται, μπροστά.

Σε τέσσερα χρόνια είχα πάρει δυό προαγωγές. Εξασφάλισα έναν καλό μισθό. Τα πολλά βέβαια λεπτά τα 'δινα στον πατέρα μου και κείνος μου έδινε την ευκή του. Ἔμαθα καλά αγγλικά, κι όσο για παπούτσια ο καημός της ξυπολησιάς μου είχε απομείνει μόνο σαν ένα μεγάλο μεράκι. Να θέλω να βλέπω τα πόδια μου όσο γίνεται πιο καλοπαπουτσωμένα και περιποιημένα. Με παίδευε όμως τώρα το άλλο βάσανο, πως μέσα σ' όλο το προσωπικό μόνο εγώ δεν είχα στα χέρια μου κανένα χαρτί. Δε φοβόμουν για τη θέση μου, πως μπορεί να τη χάσω,

habt hätte. Ich bedachte das damals nicht. Ich war noch nicht imstande zu erkennen, was Armut bedeutet und wer Schuld daran hat. «Wenn mein Vater wollte», so sagte ich mir, «würde er mir, so wie er getrocknete Erbsen und Nudeln kauft, auch Schuhe kaufen, aber er will nicht...»

Schuhe trug ich erst, als ich die Volksschule mit der vierten Klasse abgeschlossen hatte und ins Gymnasium von Ermoupolis eintrat.

«Weil du so gut lernst, kannst du ein oder zwei Jahre auf dem Gymnasium bleiben und dann werde ich sehen, daß ich eine Arbeit für dich finde...»

«Soll ich es nicht zu Ende führen, Vater, ganz?»

«Das liegt nicht in meiner Hand... Gut wäre es freilich, aber die Schule ernährt einen nicht und verschafft einem keine Schuhe, und du bist der Älteste...»

Mein Vater nahm mich aus der dritten Klasse der Oberschule heraus und schickte mich ins Englische Telegrafenamt. Er hatte dort einen guten Kunden, einen höheren Angestellten. In jeder freien Minute lernte ich Englisch, und die Direktoren mochten mich gleich leiden. «Schade, daß du keine Abschlußzeugnisse hast», sagten sie zu mir, «aber du hast Verstand, liebst sorgfältige Arbeit und wirst vorankommen. Wir wollen hier keine unnützen Leute mit Diplomen, wir wollen strebsame und fleißige Leute; wir werden dir helfen, daß du so gut wie möglich vorwärts kommst.»

Innerhalb von vier Jahren wurde ich zweimal befördert. Ich erhielt ein gutes Gehalt. Das meiste Geld lieferte ich selbstverständlich meinem Vater ab, und er gab mir seinen Segen. Ich lernte gut Englisch, und was die Schuhe betrifft, so blieb von dem Kummer der Barfüßigkeit nur das große Verlangen übrig, meine Füße so gut beschuht und gepflegt wie möglich zu sehen. Mich peinigte jedoch jetzt eine andere Qual: daß ich der einzige vom gesamten Personal war, der kein Zeugnis in Händen hatte. Ich fürchtete nicht, meine Stelle zu verlieren, denn in der Behörde schätzten die Direk-

γιατί στην υπηρεσία οι διευθυντές μ' εχτιμούσαν περισσότερο απ' όλους, και όλα τα δύσκολα εγγλέζικα σε μένα τα φέρνανε να τους τα ξεδιαλύνω, αλλά να, άμα γινότανε λόγος για τυπικά προσόντα, κι όλοι αραδειάζανε τα Γυμνάσιά τους, ή την Ανωτάτη Εμπορική ή το Πανεπιστήμιο, εγώ απόμενα βουβός, συμμαζεμένος, το κεφάλι κάτω.

Πολύ κακό πράμα να αναγκάζεται ο άνθρωπος να κρύβει έναν καημό μέσα του ... Να ζει με το φόβο μήπως έρθει η ώρα και βγει στη φόρα το κρυμμένο του βάσανο. Ύστερα που μεγάλωσα, που γνώρισα κόσμο, που ανακατέφτηκα στην κοινωνία, που παντρεύτηκα, που έκαμα φίλους επιστήθιους, που έκαμα στρατιωτικό και πόλεμο, που μου ανοίχτηκαν καρδιές ... μου δόθηκε η ευκαιρία να δω πως όλοι οι άνθρωποι έχουν μέσα τους κάποιο μυστικό μαράζι που τους τρώει. Άλλος έχει ένα νόθο, θυμούμαι στο στρατό ένα συνάδελφο παντρεμένο, που έτρεμε μη σκοτωθεί και τι θα γίνει το νόθο, το 'χε σ' ένα χωριό, γιατί τη σύνταξη θα την πάρει η γυναίκα του και το νόμιμο παιδί του ... του 'πα: «εγώ είμαι εδώ ...» μ' αγκάλιασε κλαίγοντας ... Άλλος έκρυβε την εκδήλωση της νεανικής του φυματίωσης. Είχε την αγωνία μην το μάθουν, από το γιατρό ή τον ξαδερφό του, που ήταν μπροστά στην αιμόπτυση, και τον διώξουν από τη δουλειά του ... Ή που δεν είπε άλλος στα πεθερικά του πως το σπίτι δεν είναι γραμμένο απάνω του και τι θα γίνει άμα το μάθουν ... Δε μιλούσα κι εγώ ποτέ γιά διπλώματα, ούτε ήθελα ν' ακούω, γιατί δεν είχα το κουράγιο να πω, πως δεν έχω μήτε το απολυτήριο της Τετάρτης Γυμνασίου.

Παντρέφτηκα και το κράτησα μυστικό κι από τη γυναίκα μου, γιατί εκείνη είχε τελειώσει την Παιδαγωγική Ακαδημία με άριστα. Νόμιζα φοβερή μείωση να μην έχω χαρτί μήτε του Γυμνασίου. Δε μου αναγκαιούσε, γιατί και η θέση μου ήταν αξιοπρεπής από κοινωνική πλευρά, είχα και μισθό ικανοποιητικό.

toren mich am meisten von allen, mir gaben sie das schwierige Englisch zum Entwirren. Wenn aber die Rede auf besondere Qualifikationen kam und jeder sein Gymnasium erwähnte oder die Höhere Handelsschule oder die Universität blieb ich stumm, in mich gekehrt, mit gesenktem Kopf.

Es ist schlimm, wenn man gezwungen ist, einen Kummer zu verbergen... Mit der Furcht zu leben, daß eines Tages das verborgene Leid ans Licht kommt. Später, als ich erwachsen war, die Welt kennenlernte, an der Gesellschaft teilhatte, heiratete, gute Freunde hatte, Militärdienst und Krieg mitmachte, sich mir Herzen öffneten... erhielt ich Gelegenheit zu sehen, daß alle Menschen im Inneren einen geheimen Kummer tragen, der an ihnen zehrt. Der eine hat ein uneheliches Kind, ich erinnere mich an einen verheirateten Kameraden beim Militär, der schauderte bei dem Gedanken, daß er fallen könnte, denn was würde dann aus dem unehelichen Kind werden, das er in einem Dorf hatte; die Rente würde seiner Frau und seinem ehelichen Kind zufallen... Ich sagte zu ihm: «Ich bin da...», und er umarmte mich weinend... Ein anderer fürchtete, daß seine Jugendschwindsucht bekannt werden könnte. Er hatte Angst, man würde es vom Arzt oder von seinem Vetter, der beim Blutspucken dabei war, erfahren und ihn aus der Arbeit jagen... Oder ein anderer hat seinen Schwiegereltern nicht erzählt, daß das Haus nicht auf seinen Namen eingetragen ist, und was würde geschehen, wenn sie es erfahren... So sprach ich niemals über Diplome und wollte nichts davon hören, denn ich hatte nicht den Mut zuzugeben, daß ich noch nicht einmal den Abschluß der vierten Gymnasialklasse hatte.

Ich heiratete und hielt es auch vor meiner Frau geheim, denn sie hatte die Pädagogische Akademie mit Auszeichnung abgeschlossen. Ich glaubte, es sei ein arger Makel, nicht einmal ein Papier vom Gymnasium zu haben. Notwendig war es zwar nicht, denn ich hatte eine angesehene Stellung und ein gutes Gehalt.

Αλλά ας μην τα λέμε όλα … γιατί κάποτε κλείστηκαν τα Αγγλικά Τηλεγραφεία και τότε κανένας δε σ' έπαιρνε δίχως τα προσόντα που απαιτούσαν οι νόμοι … ας μην τα λέμε … μαύρος κείνος ο χρόνος … με μεγάλα βάσανα και χαριστικά με πήραν στην Ηλεκτρική Εταιρεία …

Τώρα όμως συνταξιούχος, με παιδιά και εγγόνια αναπολώ μόνο σαν ανάμνηση, βασανιστική βέβαια, τον παιδικό μου καημό των παπουτσιών, και τον άλλο, τον ολοζωής, της έλλειψης των διπλωμάτων … Δε με βασανίζουν όπως παλιά, όμως επιζούν σαν άγριο πεισματικό χόμπυ, που έχω τώρα τη δυνατότητα να το ικανοποιώ. Μπαίνω στου Πετρίδη και διαλέγω τα πιο εκλεκτά, τα πιο εκζητημένα παπούτσια. Νομίζουν, όσοι με βλέπουν, πως είμαι φαντασμένος και θέλω να μεγαλοπιάνομαι … πού να ξέρουν πόσα πνιγμένα δάκρυα, πόσο ακοίμιστο παράπονο κρύβεται κάτω από αυτή τη … «ματαιοδοξία», πόση μακρόχρονη ταπείνωση … έτσι να το βλέπουνε …

Θεραπεύω, ναι, το μειωμένο, το ξεπαγιασμένο μου παρελθόν. Μα και με τα λειψά διπλώματα, τι λειψά … τα απουσιάζοντα, κι αυτά τα πάλαιψα όπως και τα παπούτσια. Απόχτησα δυό γιούς. Το μεγάλο το Λεωνίδα – έχει το όνομα του παππού του του ράφτη, και τον Αντρέα. Είναι σήμερο καθηγητές σε Πανεπιστήμια του Λονδίνου. 'Εχουν σωρό και τα βραβεία και τα διπλώματα. 'Εβγαλα το άχτι μου κι απ' αυτή την πλευρά. Στους τοίχους μας κρέμουνται κορνιζωμένα εννέα απολυτήρια και πανεπιστημιακά διπλώματα, τα περισσότερα με άριστα. Η γυναίκα μου έφτιαξε για το κάθε παιδί χωριστά, ντοσιέ, όπου έχει ταχτοποιήσει με χρονολογική σειρά τα συγχαρητήρια γράμματα των καθηγητών τους, τους επαίνους, και διάφορες εργασίες τους, που είχαν αποσπάσει τα εγκώμια των διαφόρων καθηγητών … Τους χαρακτηρίζουν και τους δύο σπάνια φαινόμενα επίδοσης και πνευματικής μεγαλοφυίας.

Aber, sprechen wir nicht davon; eines Tages schlossen die Englischen Telegrafenämter, und damals nahm dich keiner ohne den vorgeschriebenen Abschluß; sprechen wir nicht davon; schlimm war die Zeit, voller Plagen; sie nahmen mich gnadenhalber bei der Elektrizitätsgesellschaft...

Heute jedoch, da ich Rentner bin mit Kindern und Enkeln, sind es nur noch Erinnerungen, wenn auch quälende, der kindliche Kummer wegen der Schuhe und der andere lebenslange, wegen des Fehlens der Zeugnisse... Sie quälen mich nicht mehr wie früher, aber sie haben überlebt, als eine leidenschaftliche, hartnäckige Liebhaberei, der ich heute nachgehen kann. Ich gehe zu Petridis und wähle die feinsten und ausgefallensten Schuhe aus. Wer mich sieht, glaubt, ich sei überspannt und wolle angeben... woher sollten die Leute auch wissen, wie viele unterdrückte Tränen, wie viel nicht zu stillender Kummer sich hinter dieser «Eitelkeit» verbirgt, wie viel jahrelange Demütigung... so sollte man es ansehen...

Ja, ich überwinde meine niedrige, frierende Vergangenheit. Auch das mit den fehlenden Zeugnissen, was heißt fehlenden?... den nicht vorhandenen, auch das bewältige ich, wie das Problem mit den Schuhen. Ich habe zwei Söhne. Leonidas, der Ältere – er trägt den Namen seines Großvaters, des Schneiders – und Andreas. Sie sind heute Professoren an Londoner Universitäten. Sie haben viele Auszeichnungen und Diplome. Auch von dieser Seite wurde mir also Genugtuung. An unseren Wänden hängen neun eingerahmte Abschlußzeugnisse und Universitätsdiplome, die meisten mit Auszeichnung. Meine Frau legte für jedes Kind getrennt einen Aktenordner an mit den zeitlich geordneten Gratulationsbriefen der Lehrer, den Belobigungen und den verschiedenen Arbeiten, welche die Lobsprüche der Professoren hervorriefen... Als seltene Phänomene an Leistung und intellektueller Begabung wurden die beiden bezeichnet.

Τον Οχτώβρη πήγαμε με τη γυναίκα μου κοντά τους. Μας παίρνανε στο τηλέφωνο και μας παρακαλούσαν ελάτε κι ελάτε ... Φέτος το αποφασίσαμε. Πήγαμε λοιπόν ... και το ίδιο πρωί λέω στο Λεωνίδα:

– Μα αλήθεια το λες, πως είσαι καθηγητής στο Πανεπιστήμιο; Έλεγα με το νου μου ... ήξερε τον καημό μου, μπορεί να μας το 'γραψε, για να μας δώσει χαρά.

– Κι εγώ κι ο Αντρέας από φέτος θα διδάξουμε ... Θα μπορούσα, πατέρα, να σας γράψω τέτοια ψέματα ...

– Έλεγα, μήπως πήρατε το διορισμό, μα δεν θα αρχίζατε αμέσως ...

Κατά τις οχτώμιση φτάσαμε στο Ιμπέριαλ Κολέγκι. Ρωτήσαμε, κι ένας υπάλληλος μας οδήγησε, αφού περάσαμε ένα πολύ μακρύ διάδρομο, σε μια θεώρατη αίθουσα. Στην πόρτα ήταν μια επιγραφή που έγραφε στα εγγλέζικα:

Διδάσκοντες καθηγηταί: πρώτο-πρώτο ήταν το όνομα του Λεωνίδα μας, δίπλα στο όνομα και η φωτογραφία του, και είναι δα ο Λεωνίδας, ομορφάντρας, – κι ο Αντρέας βέβαια δεν πάει πίσω σ' ομορφιά – από κάτω ήσαν οι τίτλοι του: ηλεκτρολόγος, μηχανολόγος, ντόκτορ Λ.Λ. Καντόρος. Electrical Engineering D.P.T., Imperial College.

Θα ήταν η εναρκτήρια ομιλία του. Όλα αυτά με είχαν αναστατώσει. Ζαλισμένος πέρασα μέσα ... Μπήκαμε και καθίσαμε σε μιαν άκρη. Σιγά-σιγά γέμιζε η αίθουσα, κι άμα ήρθε η ώρα, μπήκε μέσα ο Λεωνίδας ντυμένος στα κατάμαυρα. Επίσημος. Ανέβηκε στην έδρα και μου φαινόταν σαν τον Παντοκράτορα που κοιτάζει το εκκλησίασμα από ψηλά. Μόλις άνοιξε το στόμα του, ήμουνα κι από πριν ταραγμένος, μα ακούγοντας το παιδί μου να διδάσκει σε τόσο κόσμο, που τον άκουε προσηλωμένος, στα πρώτα χειροκροτήματα με πήραν κάτι δάκρυα, που δεν μπορούσα πια να τα συγκρατήσω. Η γυναίκα μου

Im Oktober fuhren meine Frau und ich zu ihnen. Sie hatten uns immer wieder angerufen und inständig gebeten zu kommen... Heuer entschlossen wir uns. Wir fuhren also... Am selben Morgen sagte ich zu Leonidas:

«Ist es wirklich wahr, daß du Professor an der Universität bist?» Ich dachte bei mir: er kennt meinen Kummer, vielleicht hat er es nur geschrieben, um uns zu erfreuen.

«Andreas und ich werden in diesem Jahr mit Vorlesungen beginnen; wie könnte ich Euch dermaßen anlügen!»

«Ich meinte nur, daß ihr die Ernennung bekommen habt, ohne gleich anzufangen...»

Gegen halb neun trafen wir im Imperial College ein. Wir erkundigten uns, und ein Angestellter führte uns, nachdem wir einen langen Gang durchschritten hatten, in einen riesigen Saal. An der Türe war ein Schild, auf dem in englischer Sprache stand:

Vorlesungen der Professoren: zuerst der Name unseres Leonidas, Dr. L. L. Kantoros, neben dem Namen auch sein Foto; da war er also, der Leonidas, ein gut aussehender junger Mann – Andreas stand ihm wahrlich nicht nach an guter Erscheinung – darunter standen seine Titel: Elektroingenieur, Maschinenbauingenieur, Electrical Engineering D.P.T., Imperial College.

Es war seine Antrittsvorlesung. Das alles hatte mich in Aufregung versetzt. Schwindlig ging ich hinein... Wir traten ein und setzten uns an die Seite. Langsam füllte sich der Saal; als es so weit war, trat Leonidas ein, ganz in Schwarz. Ganz förmlich.

Er bestieg das Katheder und kam mir vor, wie der Pantokrator, der von oben auf die Kirchengemeinde herabschaut. Ich war schon aufgewühlt, als er anfing zu reden; als ich aber meinen Sohn so viele aufmerksam zuhörende Menschen unterrichten hörte, und er das erste Mal Beifall erhielt, kamen mir Tränen, die ich nicht zurückhalten

έδειξε περισσότερη δύναμη. Ήρθε τότε κοντά μας ένας φοιτητής, που ρώτησε τη γυναίκα μου:

– Μήπως είναι γιός σας;

– Μάλιστα! Μάλιστα! του λέω, ποιός σας το είπε; Του μίλησα εγώ, γιατί η γυναίκα μου δεν ξέρει τόσο καλά τά εγγλέζικα ...

– Μα είστε, της λέει, ο ίδιος ο κύριος καθηγητής, πολύ του μοιάζετε και είδα που κλαίατε ...

Άμα φύγαμε είπα στη γυναίκα μου, τι να 'κανα δώρο στο Λεωνίδα μας για τούτη τη χαρά που μας έδωσε ...

– Κάτι να του στείλουμε από την Αθήνα ... Τώρα συνταξιούχοι, ζούμε στην Αθήνα.

Είχα στη βαλίτζα μου ένα ζευγάρι παπούτσια αφόρετα τελευταίο μοντέλο του Πετρίδη, με λαστιχάκια δεξόζερβα πολύ εντυπωσιακά. Θα του χαρίσω τα αφόρετα παπούτσια, φορούμε και το ίδιο νούμερο ...

– Ναι, ναι, χθες που τα είδε τα 'πιασε στα χέρια του και του άρεσαν ...

– Μα τι λες τώρα, πατέρα, πως θα μου αφήσεις τα παπούτσια σου ...

– Γιατί, δε σου αρέσουν;

– Μου αρέσουν και πολύ ... δεν έχουν στο Λονδίνο τέτοια παπούτσια, μα δε θέλω να τα στερηθείς ...

– Τι λες, παιδί μου, να τα στερηθώ εγώ, παιδί μου, δεν πάτησα το ποδάρι μου μήτε σε μεγάλη τάξη του Γυμνασίου ... αυτός ήταν ο μεγάλος καημός όλης μου της ζωής και τώρα, τουλάχιστο τα παπούτσια μου, μέσα στα πόδια σου, που είναι δικά μου κι αυτά, δε θα μπαίνουν μόνο στό Γυμνάσιο της Ερμούπολης μα θ' ανεβαίνουν στην Έδρα, να διδάσκουν! Στην Έδρα του Ιμπέριαλ Κολλέγκι του Λονδίνου!

konnte. Meine Frau zeigte mehr Stärke. Ein Student wandte sich zu uns und fragte meine Frau:

«Ist er etwa Ihr Sohn?»

«Gewiß!» antwortete ich. «Wer hat es Ihnen gesagt?» Ich sprach mit ihm; meine Frau kann nicht so gut Englisch.

«Sie sehen», sagte er zu meiner Frau, «ganz genau so aus wie der Herr Professor. Sie gleichen ihm sehr, und ich habe gesehen, daß Sie weinten ...»

Beim Weggehen fragte ich meine Frau, was ich Leonidas schenken könne für die Freude, die er uns gemacht hat.

Etwas, das wir ihm aus Athen schicken... Jetzt als Rentner leben wir in Athen.

Ich hatte in meinem Koffer ein Paar ungetragene Schuhe, das neueste Modell von Petridis, mit sehr dekorativen Gummiverzierungen rechts und links. Diese ungetragenen Schuhe werde ich ihm schenken. Wir haben beide dieselbe Nummer...

Ja, ja, gestern als er sie sah, hat er sie in die Hand genommen; sie gefielen ihm...

«Aber Vater, was sagst du da, du willst mir deine Schuhe hier lassen?»

«Wieso – gefallen sie dir nicht?»

«Sie gefallen mir sehr; solche Schuhe gibt es nicht in London; aber ich will nicht, daß du sie entbehrst.»

Was sagst du da, mein Kind, daß ich sie entbehre. Ich habe meinen Fuß nicht einmal in die obere Klasse des Gymnasiums gesetzt... es war der große Kummer meines Lebens; jetzt aber gehen wenigstens meine Schuhe an deinen Füßen, die auch die meinen sind, nicht nur aufs Gymnasium von Ermoupolis, sondern besteigen das Katheder, um zu lehren! Das Katheder des Imperial College von London!

Η διαταγή ήτανε ξεκάθαρη: Απαγορεύεται το μπάνιο στο ποτάμι, ακόμα και να πλησιάζει κανένας σε απόσταση λιγότερο από διακόσια μέτρα. Δε χώραγε λοιπόν καμιά παρανόηση. Όποιος την παρέβαινε τη διαταγή, θα πέρναγε στρατοδικείο.

Τους τη διάβασε τις προάλλες ο ίδιος ο ταγματάρχης. Διέταξε γενική συγκέντρωση, όλο το τάγμα, και τους τη διάβασε. Διαταγή της Μεραρχίας! Δεν ήτανε παίξε γέλασε.

Είχανε κάπου τρεις βδομάδες που είχαν αράξει δώθε από το ποτάμι. Κείθε από το ποτάμι ήταν ο εχθρός, οι Άλλοι όπως τους λέγανε πολλοί.

Τρεις βδομάδες απραξία. Σίγουρα δε θα βάσταγε πολύ τούτη η κατάσταση, για την ώρα όμως επικρατούσε ησυχία.

Και στις δυό όχθες του ποταμιού, σε μεγάλο βάθος, ήτανε δάσος. Πυκνό δάσος. Μες στο δάσος είχανε στρατοπεδεύσει και οι μεν και οι δε.

Οι πληροφορίες τους ήτανε πως οι Άλλοι είχανε δυό τάγματα εκεί. Ωστόσο, δεν επιχειρούσαν επίθεση, ποιός ξέρει τι λογαριάζανε να κάνουν. Στο μεταξύ, τα φυλάκια, και από τις δυό μεριές, ήταν εδώ κι εκεί κρυμμένα στο δάσος, έτοιμα για παν ενδεχόμενο.

Τρεις βδομάδες! Πώς είχανε περάσει τρεις βδομάδες! Δε θυμόντουσαν σ' αυτόν τον πόλεμο, που είχε αρχίσει εδώ και δυόμισι χρόνια περίπου, άλλο τέτοιο διάλειμμα σαν και τούτο.

Όταν φτάσανε στο ποτάμι, έκανε ακόμα κρύο. Εδώ και μερικές μέρες, ο καιρός είχε στρώσει. Άνοιξη πια!

Ο πρώτος που γλίστρησε κατά το ποτάμι ήτανε λοχίας. Γλίστρησε ένα πρωινό και βούτηξε. Λίγο αργότερα,

Antonis Samarakis: Der Fluß

Der Befehl war ganz klar: Es ist verboten, im Fluß zu baden und sogar sich ihm auf eine Entfernung von weniger als zweihundert Meter zu nähern. Es blieb kein Raum für ein Mißverständnis. Wer dem Befehl zuwiderhandelte, würde vor das Militärgericht kommen.

Der Major hatte ihn kürzlich selbst verlesen. Er hatte eine allgemeine Versammlung angeordnet, das gesamte Bataillon, und ihn vorgelesen. Divisionsbefehl! Damit war nicht zu spaßen.

Es war ungefähr drei Wochen her, daß sie sich diesseits des Flusses niedergelassen hatten. Jenseits des Flusses stand der Feind, die Anderen, wie viele sie nannten.

Drei Wochen Untätigkeit. Dieser Zustand würde ganz gewiß nicht lange andauern, aber gegenwärtig herrschte Ruhe.

Auf beiden Ufern des Flusses war weit und breit nur Wald. Dichter Wald. In dem Wald hatten beide Parteien ihre Lager aufgeschlagen.

Nach ihren Informationen hatten die Anderen dort zwei Bataillone. Allerdings unternahmen sie keinen Angriff. Wer weiß, was sie vorhatten. Inzwischen waren die Wachposten beider Seiten hier und dort im Wald versteckt, auf jeden Zwischenfall vorbereitet.

Drei Wochen! Wie waren die drei Wochen vergangen! Niemand konnte sich erinnern, daß es in diesem Krieg, der vor ungefähr zweieinhalb Jahren begonnen hatte, schon einmal eine solche Unterbrechung gegeben hatte.

Zu der Zeit, da sie den Fluß erreicht hatten, war es noch kalt gewesen. Nach einigen Tagen hatte sich das Wetter beruhigt. Endlich Frühling!

Der erste, der zum Fluß geschlichen war, war ein Feldwebel. Eines Morgens schlich er hin und tauchte hinein.

σύρθηκε ως τους δικούς του, με δυό σφαίρες στο πλευρό. Δεν έζησε πολλές ώρες.

Την άλλη μέρα, δυό φαντάροι τραβήξανε για κει. Δεν τους ξαναείδε πια κανένας. Ακούσανε μονάχα πολυβολισμούς, και ύστερα σιωπή.

Τότε βγήκε η διαταγή της Μεραρχίας.

Ήτανε ωστόσο μεγάλος πειρασμός το ποτάμι. Τ' ακούγανε που κυλούσε τα νερά του και το λαχταρούσανε. Αυτά τα δυόμισι χρόνια, τους είχε φάει η βρώμα. Είχανε ξεσυνηθίσει ένα σωρό χαρές. Και να, τώρα, που είχε βρεθεί στο δρόμο τους αυτό το ποτάμι. Αλλά η διαταγή της Μεραρχίας ...

– Στο διάολο η διαταγή της Μεραρχίας! είπε μέσ' από τα δόντια του κείνη τη νύχτα.

Γύριζε και ξαναγύριζε και ησυχία δεν είχε. Το ποτάμι ακουγότανε πέρα και δεν τον άφηνε να ησυχάσει.

Θα πήγαινε την άλλη μέρα, θα πήγαινε οπωσδήποτε. Στο διάολο η διαταγή της Μεραρχίας!

Οι άλλοι φαντάροι κοιμόντουσαν. Τέλος τον πήρε κι αυτόν ο ύπνος. Είδε ένα όνειρο, έναν εφιάλτη. Στην αρχή, το είδε όπως ήτανε: ποτάμι. Ήτανε μπροστά του αυτό το ποτάμι και τον περίμενε. Κι αυτός, γυμνός στην όχθη, δεν έπεφτε μέσα. Σα να τον βάσταγε ένα αόρατο χέρι. Ύστερα το ποτάμι μεταμορφώθηκε σε γυναίκα. Μια νέα γυναίκα, μελαχρινή, με σφιχτοδεμένο κορμί. Γυμνή, ξαπλωμένη στο γρασίδι, τον περίμενε. Κι αυτός, γυμνός μπροστά της, δεν έπεφτε πάνω της. Σα να τον βάσταγε ένα αόρατο χέρι.

Ξύπνησε βαλαντωμένος· δεν είχε ακόμα φέξει ...

Φτάνοντας στην όχθη, στάθηκε και το κοίταζε. Το ποτάμι! Ώστε υπήρχε λοιπόν αυτό το ποτάμι; Ώρες ώρες, συλλογιζότανε μήπως δεν υπήρχε στ' αλήθεια. Μήπως ήτανε μια φαντασία τους, μια ομαδική ψευδαίσθηση.

Wenig später schleppte er sich zu den Seinen, zwei Kugeln zwischen den Rippen. Er lebte nur noch wenige Stunden.

Am nächsten Tag waren zwei Soldaten hingegangen. Keiner sah sie jemals wieder. Man hörte nur Schüsse, dann Stille.

Da erging der Divisionsbefehl.

Der Fluß war jedoch eine große Versuchung. Sie hörten sein Wasser fließen und sehnten sich danach. In diesen zweieinhalb Jahren waren sie im Dreck heruntergekommen. Sie hatten sich so vieler Freuden entwöhnt. Und da befand sich jetzt dieser Fluß mitten auf ihrem Wege. Aber der Divisionsbefehl . . .

«Zum Teufel mit dem Divisionsbefehl!» So zischte er zwischen den Zähnen in dieser Nacht.

Er wälzte sich hin und her, fand aber keine Ruhe. Der Fluß war von drüben zu hören und ließ ihn nicht zur Ruhe kommen.

Er würde am nächsten Tag hingehen, auf jeden Fall würde er hingehen. Zum Teufel mit dem Divisionsbefehl!

Die anderen Soldaten schliefen. Schließlich übermannte auch ihn der Schlaf. Er hatte einen Traum, einen Albtraum. Zu Beginn sah er ihn ganz wirklich: einen Fluß. Vor ihm lag dieser Fluß und erwartete ihn. Er aber, nackt am Ufer stehend, fiel nicht hinein. Als hielte ihn eine unsichtbare Hand. Darauf verwandelte sich der Fluß in eine Frau. Eine junge Frau, dunkelhäutig mit festem Körper. Nackt, im Gras liegend, erwartete sie ihn. Er aber, nackt vor ihr stehend, fiel nicht auf sie. Als hielte ihn eine unsichtbare Hand.

Erschöpft wachte er auf; es war noch nicht hell geworden.

Am Ufer angelangt blieb er stehen und betrachtete ihn. Der Fluß! Es gab ihn also doch, diesen Fluß! Zeitweise hatte er gedacht, der Fluß existiere gar nicht; es sei nur ihre Phantasie, ein gemeinschaftliches Trugbild.

Είχε βρει μια ευκαιρία και τράβηξε κατά το ποτάμι. Το πρωινό ήτανε θαύμα! Αν ήτανε τυχερός και δεν τον παίρνανε μυρουδιά ... Να πρόφταινε μονάχα να βουτήξει στο ποτάμι, να μπει στα νερά του, τα παρακάτω δεν τον νοιάζανε.

Σ' ένα δέντρο, στην όχθη, άφησε τα ρούχα του, και όρθιο πάνω στον κορμό, το τουφέκι του. Έριξε δυό τελευταίες ματιές, μια πίσω του, μην ήτανε κανένας από τους δικούς του, και μια στην αντίπερα όχθη, μην ήτανε κανένας από τους Άλλους. Και μπήκε στο νερό.

Από τη στιγμή που το σώμα του, ολόγυμνο, μπήκε στο νερό, τούτο το σώμα που δυόμισι χρόνια βασανιζότανε, που δυό τραύματα το είχανε ως τώρα σημαδέψει, από τη στιγμή αυτή ένιωσε άλλος άνθρωπος. Σα να πέρασε ένα χέρι μ' ένα σφουγγάρι μέσα του και να τάσβησε αυτά τα δυόμισι χρόνια.

Κολυμπούσε πότε μπρούμυτα, πότε ανάσκελα. Αφηνότανε να τον πηγαίνει το ρεύμα. Έκανε και μακροβούτια ...

Ήταν ένα παιδί τώρα αυτός ο φαντάρος, που δεν ήτανε παρά εικοσιτριώ χρονώ κι όμως τα δυόμισι τελευταία χρόνια είχαν αφήσει βαθιά ίχνη μέσα του.

Δεξιά κι αριστερά, και στις δυό όχθες, φτερουγίζανε πουλιά, τον χαιρετούσανε περνώντας πότε πότε από πάνω του.

Μπροστά του, πήγαινε τώρα ένα κλαδί που το έσερνε το ρεύμα. Βάλθηκε να το φτάσει μ' ένα μονάχα μακροβούτι. Και το κατάφερε. Βγήκε από το νερό ακριβώς δίπλα στο κλαδί. Ένιωσε μια χαρά! Αλλά την ίδια στιγμή είδε ένα κεφάλι μπροστά του, κάπου τριάντα μέτρα μακριά.

Σταμάτησε και προσπάθησε να δει καλύτερα.

Και κείνος που κολυμπούσε εκεί τον είχε δει, είχε σταματήσει κι αυτός. Κοιτάζονταν.

Ξανάγινε αμέσως αυτός που ήτανε και πρωτύτερα: ένας

Er hatte eine Gelegenheit gefunden und war zum Fluß gegangen. Wunderbar war der Morgen! Wenn er Glück hatte und niemand ihm auf die Spur kam... Er wollte nur erreichen, in den Fluß zu tauchen, in sein Wasser, das Weitere kümmerte ihn nicht.

An einem Baum am Ufer ließ er seine Kleider zurück und, hochkant an einen Stamm gelehnt, sein Gewehr. Er warf zwei letzte Blicke um sich, einen hinter sich, ob einer von den Seinen da wäre, und einen zum gegenüberliegenden Ufer, ob einer von den Anderen da wäre. Und er stieg ins Wasser.

Von dem Augenblick an, da sein Körper nackt ins Wasser gestiegen war, dieser Körper, der zweieinhalb Jahre gequält worden, der schon von zwei Verwundungen gezeichnet war, von diesem Augenblick an fühlte er sich wie ein neuer Mensch. Als ob eine Hand mit einem Schwamm über ihn zöge und diese zweieinhalb Jahre abwischte.

Er schwamm einmal Brust, einmal Rücken. Er ließ sich von der Strömung treiben. Er tauchte auch unter...

Ein Kind war er jetzt, dieser Soldat, der nicht älter war als dreiundzwanzig Jahre; aber die letzten zweieinhalb Jahre hatten tiefe Spuren in ihm hinterlassen.

Rechts und links auf beiden Uferseiten flogen Vögel; sie grüßten ihn, indem sie dann und wann über ihn hinwegzogen.

Vor ihm schwamm jetzt ein Zweig, von der Strömung getrieben. Er versuchte, ihn in einem einzigen Tauchzug zu erreichen. Und er schaffte es. Genau neben dem Zweig tauchte er aus dem Wasser. Die Freude, die er empfand! Im selben Augenblick aber sah er vor sich einen Kopf, ungefähr dreißig Meter entfernt.

Er hielt an und versuchte besser zu sehen.

Auch jener, der dort schwamm, hatte ihn gesehen; auch er hielt inne. Sie blickten sich an.

Sofort wurde er wieder derjenige, der er vorher gewesen

φαντάρος που είχε κιόλας δυόμισι χρόνια πόλεμο, που είχε έναν πολεμικό σταυρό, που είχε αφήσει το τουφέκι του στο δέντρο.

Δεν μπορούσε να καταλάβει αν αυτός αντίκρυ του ήτανε από τους δικούς του ή από τους Άλλους. Πώς να το καταλάβει; Ένα κεφάλι έβλεπε μονάχα. Μπορούσε νάναι ένας από τους δικούς του. Μπορούσε νάναι ένας από τους Άλλους.

Για μερικά λεπτά, και οι δυό τους στέκονταν ακίνητοι στα νερά. Τη σιωπή διέκοψε ένα φτάρνισμα. Ήταν αυτός που φταρνίστηκε, και κατά τη συνήθειά του βλαστήμησε δυνατά. Τότε εκείνος αντίκρυ του άρχισε να κολυμπάει γρήγορα προς την αντίπερα όχθη. Κι αυτός όμως δεν έχασε καιρό. Κολύμπησε προς την όχθη του μ' όλη του τη δύναμη. Βγήκε πρώτος. Έτρεξε στο δέντρο που είχε αφήσει το τουφέκι του, το άρπαξε. Ο Άλλος, ό, τι έβγαινε από το νερό. Έτρεχε τώρα κι εκείνος να πάρει το τουφέκι του.

Σήκωσε το τουφέκι του αυτός, σημάδεψε. Του ήτανε πάρα πολύ εύκολο να του φυτέψει μια σφαίρα στο κεφάλι.

Δεν μπορούσε να τραβήξει. Ήτανε και οι δυό γυμνοί. Δυό άνθρωποι γυμνοί. Γυμνοί από ρούχα. Γυμνοί από ονόματα. Γυμνοί από εθνικότητα. Γυμνοί από τον χακί εαυτό τους.

Δεν μπορούσε να τραβήξει. Το ποτάμι δεν τους χώριζε τώρα, αντίθετα τους ένωνε.

Δεν μπορούσε να τραβήξει. Ο Άλλος είχε γίνει ένας άλλος άνθρωπος τώρα, χωρίς άλφα κεφαλαίο, τίποτα λιγότερο, τίποτα περισσότερο.

Χαμήλωσε το τουφέκι του. Χαμήλωσε το κεφάλι του. Και δεν είδε τίποτα ως το τέλος, πρόφτασε να δει μονάχα κάτι πουλιά που φτερουγίσανε τρομαγμένα σαν έπεσε από την αντικρινή όχθη η τουφεκιά, κι αυτός, γονάτισε πρώτα, ύστερα έπεσε με το πρόσωπο στο χώμα.

war: ein Soldat, der schon zweieinhalb Jahre Krieg hinter sich hatte, der mit einem Kriegskreuz ausgezeichnet worden war und der sein Gewehr am Baum zurückgelassen hatte.

Er konnte nicht erkennen, ob der Mann gegenüber einer von den Seinen war oder einer von den Anderen. Wie sollte er es auch erkennen? Er sah nichts als einen Kopf. Es konnte einer von den Seinen sein. Es konnte einer von den Anderen sein.

Einige Minuten standen beide unbewegt im Wasser. Ein Niesen unterbrach die Stille. Er war es, der nieste, und nach seiner Gewohnheit fluchte er laut. Da begann sein Gegenüber schnell zum anderen Ufer zu schwimmen. Auch er verlor keine Zeit.

Mit voller Kraft schwamm er auf seine Uferseite. Er stieg als erster aus dem Wasser. Er lief zu dem Baum, an dem er sein Gewehr gelassen hatte und ergriff es. Da stieg auch der Andere aus dem Wasser. Auch er lief jetzt, sein Gewehr zu holen.

Er nahm sein Gewehr hoch und zielte. Es wäre eine Leichtigkeit für ihn, dem Anderen eine Kugel in den Kopf zu jagen.

Er konnte nicht abdrücken. Sie waren beide nackt. Zwei nackte Menschen. Entblößt von Kleidern. Entblößt von Namen. Entblößt von Nationalität. Entblößt von ihrem khakifarbenen Ich.

Er konnte nicht abdrücken. Der Fluß trennte sie jetzt nicht, im Gegenteil, er verband sie.

Er konnte nicht abdrücken. Der Andere war jetzt zu einem anderen Menschen geworden, ohne großes A. Nicht weniger, nicht mehr.

Er senkte sein Gewehr. Er senkte seinen Kopf. Und er sah nichts bis zum Schuß. Er schaffte es nur noch, einige Vögel zu sehen, die erschreckt aufflatterten, als vom gegenüberliegenden Ufer der Schuß fiel. Zuerst ging er in die Knie, dann fiel er mit dem Gesicht auf die Erde.

Τούτη τήν ώρα αισθάνομαι πως είμαι ο ίδιος μια αντίφαση. Αλήθεια, η Σουηδική Ακαδημία έκρινε πως η προσπάθειά μου σε μια γλώσσα περιλάλητη επί αιώνες, αλλά στην παρούσα μορφή της περιορισμένη, άξιζε αυτή την υψηλή διάκριση. Θέλησε να τιμήσει τη γλώσσα μου, και να – εκφράζω τώρα τις ευχαριστίες μου σε ξένη γλώσσα. Σας παρακαλώ να μου δώσετε τη συγγνώμη που ζητώ πρώτα-πρώτα από τον εαυτό μου.

Ανήκω σε μια χώρα μικρή. Ένα πέτρινο ακρωτήρι στη Μεσόγειο, που δεν έχει άλλο αγαθό παρά τον αγώνα του λαού του, τη θάλασσα, και το φως του ήλιου. Είναι μικρός ο τόπος μας, αλλά η παράδοσή του είναι τεράστια και το πράγμα που τη χαρακτηρίζει είναι ότι μας παραδόθηκε χωρίς διακοπή. Η ελληνική γλώσσα δεν έπαψε ποτέ της να μιλιέται. Δέχτηκε τις αλλοιώσεις που δέχεται καθετί ζωντανό, αλλά δεν παρουσιάζει κανένα χάσμα. Άλλο χαρακτηριστικό αυτής της παράδοσης είναι η αγάπη της για την ανθρωπιά· κανόνας της είναι η δικαιοσύνη. Στην αρχαία τραγωδία, την οργανωμένη με τόση ακρίβεια, ο άνθρωπος που ξεπερνά το μέτρο, πρέπει να τιμωρηθεί από τις Ερινύες. Ο ίδιος νόμος ισχύει και όταν ακόμη πρόκειται για φυσικά φαινόμενα: «Ήλιος ουχ υπερβήσεται μέτρα» λέει ο Ηράκλειτος «ει δε μη, Ερινύες μιν Δίκης επίκουροι εξευρήσουσιν».

Συλλογίζομαι πως δεν αποκλείεται ολωσδιόλου να ωφεληθεί ένας σύγχρονος επιστήμων, αν στοχαστεί τούτο το απόφθεγμα του Ίωνα φιλοσόφου. Όσο για μένα συγκινούμαι παρατηρώντας πως η συνείδηση της δικαιοσύνης είχε τόσο πολύ διαποτίσει την ελληνική ψυχή, ώστε να γίνει κανόνας και του φυσικού κόσμου. Και ένας από τους διδασκάλους μου, των αρχών του περασμένου αιώνα, γράφει: «... θα χαθούμε γιατί αδικήσα-

In dieser Stunde fühle ich mich im Widerspruch zu mir selbst. Die Schwedische Akademie hat geurteilt, daß mein Bemühen in einer jahrhundertelang weitverbreiteten, in ihrer gegenwärtigen Form jedoch begrenzten Sprache diese hohe Auszeichnung verdiene. Sie wollte meine Sprache ehren – und den Dank, den ich Ihnen sage, spreche ich in einer fremden Sprache. Ich bitte Sie, mir die Nachsicht zu gewähren, die ich zuerst von mir selbst fordere.

Ich gehöre zu einem kleinen Land. Ein felsiges Kap im Mittelmeer ohne anderen Reichtum, als den Lebenskampf seines Volkes, das Meer und das Licht der Sonne. Mein Land ist klein, aber sein Erbe ist gewaltig, und was es besonders auszeichnet, ist die Tatsache, daß es ohne Unterbrechung auf uns gekommen ist. Die griechische Sprache hat nie aufgehört, gesprochen zu werden. Sie hat Veränderungen erfahren wie alles Lebendige, aber sie weist keine Lücke auf. Ein anderes Merkmal dieses Erbes ist die Neigung zum Menschlichen; sein Maßstab ist die Gerechtigkeit. In der antiken, mit äußerster Genauigkeit aufgebauten Tragödie muß der Mensch, der das Maß überschreitet, von den Erinyen bestraft werden. Das Gesetz gilt sogar für das Naturgeschehen: «Die Sonne überschreitet das Maß nicht», sagt Heraklit; «wenn aber doch, werden die Erinyen, die Gehilfinnen der Göttin der Gerechtigkeit, sie finden.»

Ich überlege, ob es nicht möglich ist, daß ein moderner Wissenschaftler Nutzen daraus zieht, wenn er sich den Leitgedanken des ionischen Philosophen vor Augen hält. Was mich betrifft, so bewegt mich die Beobachtung, daß die griechische Seele so sehr durchtränkt wurde von dem Bewußtsein der Gerechtigkeit, daß diese sogar zum Maßstab wurde für den Bereich der Natur. Einer meiner Lehrmeister vom Beginn des letzten Jahrhunderts schreibt: «... wir werden

με ...». Αυτός ο άνθρωπος ήταν αγράμματος· είχε μάθει να γράφει στα τριάντα πέντε χρόνια της ηλικίας του. Αλλά στην Ελλάδα των ημερών μας, η προφορική παράδοση πηγαίνει μακριά στα περασμένα όσο και η γραπτή. Το ίδιο και η ποίηση. Είναι για μένα σημαντικό το γεγονός ότι η Σουηδία θέλησε να τιμήσει και τούτη την ποίηση και όλη την ποίηση γενικά, ακόμη και όταν αναβρύζει ανάμεσα σ' ένα λαό περιορισμένο. Γιατί πιστεύω πως τούτος ο σύγχρονος κόσμος όπου ζούμε, ο τυραννισμένος από το φόβο και την ανησυχία, τη χρειάζεται την ποίηση. Η ποίηση έχει τις ρίζες της στην ανθρώπινη ανάσα – και τι θα γινόμασταν αν η πνοή μας λιγόστευε; Είναι μια πράξη εμπιστοσύνης – κι ένας Θεός το ξέρει αν τα δεινά μας δεν τα χρωστάμε στη στέρηση εμπιστοσύνης.

Παρατήρησαν, τον περασμένο χρόνο γύρω από τούτο το τραπέζι, την πολύ μεγάλη διαφορά αναμεσα στις ανακαλύψεις της σύγχρονης επιστήμης και στη λογοτεχνία· παρατήρησαν πως ανάμεσα σ' ένα αρχαίο ελληνικό δράμα και ένα σημερινό, η διαφορά είναι λίγη. Ναι, η συμπεριφορά του ανθρώπου δε μοιάζει να έχει αλλάξει βασικά. Και πρέπει να προσθέσω πως νιώθει πάντα την ανάγκη ν' ακούει τούτη την ανθρώπινη φωνή που ονομάζουμε ποίηση. Αυτή τη φωνή που κινδυνεύει να σβήσει κάθε στιγμή από στέρηση αγάπης και ολοένα ξαναγεννιέται. Κυνηγημένη, ξέρει πού να 'βρει καταφύγιο· απαρνημένη, έχει το ένστικτο να πάει να ριζώσει στους πιο απροσδόκητους τόπους. Γι' αυτή δεν υπάρχουν μεγάλα και μικρά μέρη του κόσμου. Το βασίλειό της είναι στις καρδιές όλων των ανθρώπων της γης. 'Εχει τη χάρη ν' αποφεύγει πάντα τη συνήθεια, αυτή τη βιομηχανία.

Χρωστώ την ευγνωμοσύνη μου στη Σουηδική Ακαδημία που ένιωσε αυτά τα πράγματα· που ένιωσε πως οι γλώσσες, οι λεγόμενες περιορισμένης χρήσης, δεν πρέπει να καταντούν φράχτες όπου πνίγεται ο παλμός

zugrunde gehen, weil wir Unrecht getan haben ...» (Makryjannis). Dieser Mann war Analphabet. Erst im Alter von fünfunddreißig Jahren lernte er schreiben. Aber im Griechenland unserer Tage reicht die mündliche Überlieferung, wie auch die schriftliche, weit zurück in die Vergangenheit. Dasselbe gilt für die Dichtung. Es ist für mich ein bedeutsames Ereignis, daß die Schwedische Akademie diese Dichtung – die Dichtung überhaupt – ehren wollte, auch wenn sie aus einem Volk mit begrenztem Sprachraum hervorquillt. Ich glaube, daß die moderne Welt, in der wir leben, die von Angst und Unruhe beherrscht ist, die Dichtung braucht. Die Dichtung hat ihre Wurzeln im menschlichen Atem – und was würde geschehen, wenn unser Atem schwände? Es ist ein Akt des Vertrauens – und Gott weiß, wie sehr unsere Nöte auf Mangel an Vertrauen zurückzuführen sind.

Im vergangenen Jahr ist an diesem Tisch der große Unterschied zwischen den Entdeckungen der modernen Wissenschaft und der Literatur festgestellt worden. Man hat beobachtet, daß zwischen einem antiken griechischen Drama und einem zeitgenössischen der Unterschied gering ist. Das Verhalten des Menschen scheint sich nicht grundlegend geändert zu haben. Ich muß hinzufügen, daß der Mensch das Bedürfnis empfindet, diese menschliche Stimme, die wir Dichtkunst nennen, zu hören. Diese Stimme, die jeden Augenblick in Gefahr ist, aus Mangel an Liebe dahinzuschwinden und immer wieder neu geboren wird. Wird sie verfolgt, weiß sie, wo sie Zuflucht findet, wird sie verleugnet, schlägt sie instinktiv Wurzeln an den unverhofftesten Plätzen. Für sie gibt es keine bedeutenden und keine unbedeutenden Teile der Welt. Ihr Königreich ist in den Herzen aller Menschen der Erde. Sie hat die Gnade, stets die Gewohnheit mit ihrer Eintönigkeit zu vermeiden.

Der Schwedischen Akademie, die diese Dinge erahnte, schulde ich Dank. Sie hat geahnt, daß Sprachen mit angeblich begrenztem Sprachraum keine Schranken bilden müs-

της ανθρώπινης καρδιάς· που έγινε ένας Άρειος Πάγος ικανός:

να κρίνει με αλήθεια επίσημη την άδικη μοίρα της ζωής,

για να θυμηθώ τον Σέλλεϋ, τον εμπνευστή, καθώς μας λένε, του Αλφρέδου Νομπέλ, αυτού του ανθρώπου που μπόρεσε να εξαγοράσει την αναπόφευκτη βία με τη μεγαλοσύνη της καρδιάς του.

Σ' αυτό τον κόσμο, που ολοένα στενεύει, ο καθένας μας χρειάζεται όλους τους άλλους. Πρέπει ν' αναζητήσουμε τον άνθρωπο, όπου και να βρίσκεται.

Όταν, στο δρόμο της Θήβας, ο Οιδίπους συνάντησε τη Σφίγγα, κι αυτή του έθεσε το αίνιγμά της, η απόκρισή του ήταν: ο άνθρωπος. Τούτη η απλή λέξη χάλασε το τέρας. Έχουμε πολλά τέρατα να καταστρέψουμε. Ας συλλογιστούμε την απόκριση του Οιδίποδα.

sen, die den Pulsschlag des menschlichen Herzens unterdrücken. Sie wurde zum würdigen Areopag,

> mit verbindlicher Wahrheit
> das ungerechte Schicksal des Lebens zu beurteilen,

um Shelley zu zitieren, den wir als den Inspirator Alfred Nobels kennen, eines Menschen, der die unvermeidliche Gewalt mit der Großmut seines Herzens lösen konnte.

Auf dieser Welt, die immer enger wird, braucht jeder von uns alle anderen. Wir müssen den Menschen suchen, wo immer er sich befindet.

Als Ödipus auf dem Weg nach Theben die Sphinx traf und diese ihm ihr Rätsel aufgab, war seine Antwort: Der Mensch. Dieses einfache Wort vernichtete das Ungeheuer. Wir haben viele Ungeheuer zu zerstören. Denken wir an die Antwort des Ödipus.

Dionysios Solomos, von dem das Gedicht auf der Umschlag-Rückseite stammt, wurde 1789 auf Zakynthos als Sohn eines Adeligen und einer Dienstmagd geboren. Im Alter von zehn Jahren schickte man ihn nach Italien, wo er seine schulische Ausbildung erhielt. Er studierte Jurisprudenz an der Universität Pavia und befaßte sich eingehend mit der italienischen Literatur. Seine ersten Gedichte verfaßte er in italienischer Sprache. 1818 kehrte er nach Zakynthos zurück und begann in griechischer Sprache zu schreiben. Ab 1828 lebte er auf Korfu. Die Erschütterung, die der griechische Freiheitskrieg in ihm auslöste, ließ die nationale Freiheit Griechenlands zum zentralen Thema seiner Dichtung werden. («Hymne an die Freiheit», «Die freien Belagerten», «Epigramm auf die Zerstörung Psaras»). Solomos hat als einer der ersten die neugriechische Volkssprache dichterisch geformt und den Grundstein zur Bildung einer neugriechischen Literatursprache gelegt. Er starb 1857 auf Korfu.

Andreas Karkavitsas wurde 1866 in Lechena auf der Peloponnes geboren. Er studierte Medizin und arbeitete als Schiffsarzt und später als Militärarzt in Roumeli. Seine Erfahrungen mit dem Leben, der Denkweise und den Nöten der Seeleute und der einfachen Menschen vom Land sind der Fundus, aus dem er schöpft. Sein Hauptwerk, der sozialkritische Roman «Der Bettler» (1896) gibt ein realistisch gezeichnetes Bild griechischen Dorflebens. (In deutscher Übersetzung im Romiosini-Verlag, Köln 1984.) Die Erzählung «Die Gorgona» stammt aus der Sammlung «Seefahrergeschichten» (1899); sie ist bezeichnend für die Liebe des Autors zu Themen der volkstümlichen Mythologie und für seine virtuose, mitunter manieristische Handhabung der Sprache. Karkavitsas starb 1922 in Maroussi in Attika.

Argyris Eftaliotis wurde 1849 in Molyvos auf Lesbos geboren. Im Alter von achtzehn Jahren ging er ins Ausland und verbrachte fortan den größten Teil seines Lebens in England und in Indien, wo er seinen Lebensunterhalt mit kaufmännischen Tätigkeiten verdiente. Seine schriftstellerische Laufbahn begann er mit lyrischen Gedichten und Sonetten, die in führenden griechischen Zeitungen veröffentlicht wurden. Das damals brennende Sprachenproblem, von dem das geistige und politische Leben Griechenlands beherrscht wurde, lenkte sein Interesse auf die Prosa, die ihm mehr Möglichkeiten gab, sich in der Sprache des Volkes auszudrücken. Eftaliotis wurde zu einem der leidenschaftlichsten Verfechter der Volkssprache, deren Durchsetzung für ihn ein nationales Anliegen und

die eigentliche Triebfeder seines Schaffens war. Diesem Ziel dienten auch seine Übersetzung von Homers «Odyssee» und das historische Werk «Geschichte des Griechentums» – das erste Werk der Geschichtsschreibung in der neugriechischen Volkssprache. Unsere Erzählung ist den 1894 erschienenen «Inselgeschichten» entnommen. Eftaliotis starb 1923 in Antibes in Frankreich.

Grigorios Xenopoulos wurde 1867 in Konstantinopel geboren. Seine Kindheit und Jugend verbrachte er auf Zakynthos, von wo sein Vater stammte. Aufgrund ihrer venezianisch geprägten Geschichte unterschied sich diese Insel in ihrem kulturellen Leben und in ihrer gesellschaftlichen Ordnung vom übrigen Griechenland. Es gab dort eine zur damaligen Zeit im wirtschaftlichen Niedergang befindliche Aristokratie. Aus dieser sozialen Situation schöpfte Xenopoulos einen Großteil seiner Themen. Er war einer der vielseitigsten neugriechischen Autoren und sicherlich der produktivste. An der Herausgabe seines Gesamtwerks von immensem Umfang wird heute, 37 Jahre nach dem Tod des Autors, noch immer gearbeitet. Er war der erste Schriftsteller der neugriechischen Literaturgeschichte, der ausschließlich von den Erträgnissen seiner Feder lebte. Außer Romanen, Erzählungen, Essays und Kritiken schrieb er auch Dramen und Komödien, mit denen er einen bedeutenden Beitrag zur Entwicklung des neugriechischen Theaters leistete. Er verstand es meisterhaft, den großen Schauspielern seiner Zeit die Rollen auf den Leib zu schreiben. Seine vielgespielten populären Werke öffneten der neugriechischen Volkssprache den Weg auf die Bühne. Xenopoulos starb 1951 in Athen. – Publikation mit Genehmigung des Verlages Vlassis, Athen.

Nikos Kazantzakis wurde 1883 in Heraklion auf Kreta geboren. Seine Kindheit fiel in die letzten Jahre der Türkenherrschaft auf dieser Insel. Wegen der Aufstände und Unruhen verbrachte er einen Teil seiner Schulzeit auf Naxos in einer katholischen Ordensschule. Seine Jugenderlebnisse finden literarischen Niederschlag in dem Roman «Kapetan Michalis» (1950) und in dem autobiographischen Werk «Rechenschaft vor El Greco» (1961), dem das Kapitel «Der Tod des Großvaters» entnommen ist. Weltweiten Ruhm verdankt Kazantzakis vor allem den beiden Romanen «Alexis Sorbas» (1946) und «Christus wird wieder gekreuzigt» (1948). (Die genannten Werke liegen in deutscher Übersetzung vor; «Kapetan Michalis» unter dem Titel «Freiheit oder Tod» und «Christus wird wieder gekreuzigt» unter dem Titel «Griechische Passion»). Kazantzakis

studierte Jura in Athen und Paris, betätigte sich in der Politik und machte ausgedehnte Reisen in fast alle Länder Westeuropas, nach Rußland, China und Japan. Die Eindrücke der meisten seiner Fahrten hielt er in Reisebeschreibungen fest. Sein unruhiger Geist wurde von den unterschiedlichsten religiösen und philosophischen Denkformen beeinflußt: dem Christentum, den Philosophien Nietzsches und Bergsons, dem Buddhismus, dem Marxismus und dem Nihilismus. Von der Auseinandersetzung mit diesen Weltanschauungen ist sein literarisches Werk geprägt. Er selbst betrachtete als sein wichtigstes, grundlegendes Werk seine «Odyssee», ein Epos, welches das Schicksal des homerischen Helden nach dessen Rückkehr nach Ithaka behandelt. Kazantzakis starb 1957 in Freiburg im Breisgau. – Abdruck mit Genehmigung des Verlages Eleni Kazantzakis, Athen. Publikation in deutscher Sprache mit Einverständnis des Verlages Langen-Müller/Herbig, München, bei dem die meisten Werke von Kazantzakis auf deutsch erschienen sind.

Stratis Myrivilis wurde 1892 in Sikamia, einem Dorf an der Nordküste von Lesbos, geboren. Sein Philosophie- und Jurastudium in Athen brach er 1912 ab, um als Freiwilliger am Balkankrieg teilzunehmen. Er machte auch den Ersten Weltkrieg und den kleinasiatischen Krieg mit. 1917 begann er im Schützengraben mit der Konzeption seines Romans «Das Leben im Grabe». Das Werk erschien zunächst in Fortsetzungen in der Zeitung und 1930 in Buchform. Es wurde ein außerordentlicher Erfolg. Hier wurde die Abkehr vollzogen von dem bisher in der neugriechischen Literatur vorherrschenden heroisch-nationalen Pathos. Der Krieg wird in seiner Scheußlichkeit und Sinnlosigkeit geschildert. (Der Roman ist in deutscher Übersetzung erschienen beim Romiosini-Verlag, Köln 1986.) Nach dem kleinasiatischen Krieg lebte Myrivilis als Journalist und Zeitungsherausgeber in Athen. Thema seiner Romane und Erzählungen ist oft das Leben der Bauern und Fischer von Lesbos. (Der Roman «I panagia, i gorgona», der im Heimatdorf des Autors spielt, ist in deutscher Übersetzung unter dem Titel «Die Madonna mit dem Fischleib» im Manesse-Verlag, Zürich 1955, erschienen.) Die Kurzgeschichte «Kapitanios» stammt aus der Sammlung «Das blaue Buch» (1934); sie geht auf eine Jugenderinnerung des Autors zurück. Stratis Myrivilis starb 1969. – Publikation mit Genehmigung von Herrn Lambis Myrivilis, Athen.

Elias Venesis wurde 1904 in der Hafenstadt Aivali an der anatolischen Küste geboren. Als Achtzehnjähriger geriet er 1922 in den

Strudel der kleinasiatischen Katastrophe. Er wurde von den Türken zur Zwangsarbeit in das Innere des Landes verschleppt. Sein Buch «Nummer 31328» (1931) ist ein erschütternder Bericht dieser vierzehnmonatigen Gefangenschaft. (Deutsche Übersetzung im Zabern-Verlag, Mainz 1969.) Nach seiner Befreiung mußte Venesis seine Heimat verlassen. Er ging nach Athen. Das selbst erlittene Schicksal des kleinasiatischen Griechentums wurde zum Thema seines literarischen Werkes. Der 1939 erschienene Roman «Windstille» handelt von den Problemen der Eingliederung der entwurzelten Flüchtlinge. (Deutsche Übersetzung unter dem Titel «Friede in attischer Bucht», Hamburg 1963.) «Äolische Erde» (1943) beschreibt das Leben der Griechen in Anatolien vor dem kleinasiatischen Krieg. (Deutsche Übersetzung, Zabern-Verlag, Mainz 1969.) Die Werke von Elias Venesis sind geprägt von tiefer Menschlichkeit und verhaltener melancholischer Stimmung und bleiben trotz der persönlichen Betroffenheit des Autors frei von nationalen Ressentiments. Die Kurzgeschichte «Die Möwen» stammt aus der Erzählungssammlung «Ägäis» (1941). Venesis starb 1973. – Publikation mit Genehmigung von Frau Anna Venesis, Kefalonia.

Nikos Tsiforos schrieb humoristische Romane, Erzählungen und Theaterstücke, die meist im Milieu der kleinen Gauner spielen. Sehr populär sind seine historischen Persiflagen («Geschichte Athens», «Wir und die Franken» u. a.). Die Erzählung «Sechzig und nichts» stammt aus dem Buch «Schönes Thessaloniki». Nikos Tsiforos, geboren um 1900 [?], starb 1972. – Publikation mit Genehmigung des Verlages Ermis, Athen.

Elli Alexiou wurde 1894 in Heraklion auf Kreta geboren. Das geistige Klima ihres Elternhauses lenkte schon früh ihr Interesse auf die Literatur. Auch ihre Schwester Galatia, die erste Frau von Nikos Kazantzakis, war eine bedeutende Schriftstellerin. Elli Alexiou studierte Philologie und arbeitete als Lehrerin. Nach dem griechischen Bürgerkrieg lebte sie viele Jahre in Rumänien. 1962 kehrte sie nach Griechenland zurück und lebt seitdem in Athen. Sie schreibt realistische Prosa sozialkritischer Prägung. Die Erzählung «Imperial College» ist entnommen der Sammlung «Ypolimmata epangelmatos» (Band 3 der Werkausgabe). – Publikation mit Genehmigung des Verlages Kastaniotis, Athen.

Antonis Samarakis, geboren 1919 in Athen, gehört zu den meistgelesenen zeitgenössischen Schriftstellern Griechenlands. Seine

Werke wurden in viele Sprachen übersetzt. Nach einem Jurastudium trat er 1954 erstmals literarisch hervor mit einer Sammlung gesellschaftskritischer Erzählungen unter dem Titel «Hoffnung gesucht»; diesem Band ist die Kurzgeschichte «Der Fluß» entnommen. Sein 1965 erschienener Roman «Der Fehler» (deutsche Übersetzung im Blanvalet Verlag, Berlin 1969) erhielt den «Romanpreis der 12» und den «Großen Preis für Kriminalromane» Frankreichs. Antonis Samarakis lebt in Athen. – Abdruck mit Genehmigung des Autors. Publikation in deutscher Sprache mit Einverständnis des Verlages Volk und Welt, Berlin/DDR, bei dem die Erzählung in der Übersetzung von Thomas Nicolaou erschienen ist, und zwar in dem Band «Der Reisepaß».

Giorgos Seferis wurde im Jahr 1900 in Smyrna geboren. Während der Zeit seines Jura-Studiums in Paris gingen das kleinasiatische Griechentum und Seferis' Heimatstadt in der Katastrophe von 1922 unter, ein Ereignis, das nicht nur thematisch seine Dichtung beeinflußt, sondern sich als melancholischer Unterton durch sein gesamtes Werk zieht. Nach Beendigung seiner Studien wurde Seferis Diplomat. Während der deutschen Besetzung Griechenlands stand er im Dienst der nach Kairo geflüchteten griechischen Exilregierung. Nach dem Zweiten Weltkrieg wirkte er als Botschaftsrat und Botschafter in Ankara, London, im Libanon, in Syrien, Jordanien und im Irak. Giorgos Seferis gilt als einer der bedeutendsten Lyriker der neueren griechischen Literatur. 1963 wurde ihm der Nobelpreis für Literatur verliehen. (Eine zweisprachige Ausgabe seiner «Geheimen Gedichte» ist beim Romiosini-Verlag, Köln 1985, erschienen. Dieser Band enthält ein Verzeichnis sämtlicher Übersetzungen von Gedichten Seferis' in die deutsche Sprache.) Seferis starb 1971 in Athen. – Publikation mit Genehmigung von Frau Maro Seferiadis (Seferis), Athen.